골프의 기쁨

골프의 기쁨

초판 1쇄 발행 2021년 4월 21일
초판 4쇄 발행 2024년 4월 8일

지은이 강찬욱

펴낸이 김찬희
펴낸곳 끌리는책

출판등록 신고번호 제25100-2011-000073호
주소 서울시 구로구 연동로 11길 9, 202호
전화 영업부 (02)335-6936 편집부 (02)2060-5821
팩스 (02)335-0550
이메일 happybookpub@gmail.com
페이스북 www.facebook.com/happybookpub/
블로그 blog.naver.com/happybookpub

ISBN 979-11-87059-66-0 03690
값 15,000원

골프의 기쁨

골프 하며 배우고, 배우면서 골프 하다

강찬욱 지음

프롤로그

나쁜 골프를 사랑합니다

골프는 스코어가 적어야 이기는 게임입니다. 그러나 스코어가 전부는 아닙니다. 매너와 에티켓이 부족한 좋은 스코어는 좋은 기술일지는 몰라도, 좋은 골프는 아닙니다. 남들이 보지 않아도 스스로 지켜야 할 룰이 있고, 말 한마디, 행동 하나에도 그 사람이 보이는 것이 골프입니다. 적어도 우리 주말골퍼에게는 그렇습니다.

골프는 골프만이 전부는 아닙니다. 골프는 관계입니다. 어떤 골프는 비즈니스입니다. 어떤 골프는 치유입니다. 골프는 소풍이기도 하고 탈출이기도 합니다. 우리는 골프가 골프만이 아닌 이유 때문에 때로 힘들기도 하고, 때로 더 깊고 넓게 즐기기도 합니다.

보통 골프를 인생에 비유합니다. 인생은 두 가지로 나뉜다고 생각합니다. 골프를 하는 인생과 골프를 하지 않는 인생.

골프를 쉽게 보는 사람이 있습니다. '그까짓 골프…'

골프를 어렵게 생각하는 사람이 있습니다. '내가 골프를?'

이 두 사람은 언젠가 골프와 만나게 됩니다. 쉬웠던 골프는 어려워지고, 멀었던 골프는 가까워지니까요. 세상살이가 대부분 그렇지만 골프 역시 가볍게 여기면 나중에 후회합니다. 반대로, 그 어떤 것에도 미리 쫄거나 두려워할 필요도 없는 것이 골프입니다.

골프가 우리를 힘들게 할 때, 위로와 위안이 되는 글을 쓰고 싶었습니다. 골프를 우습게 대하거나 방심할 때, 다시 몸과 마음을 가다듬는 채찍의 글을 쓰고 싶었습니다. 골프를 이기려고만 하면 즐기는 법을 모르고 지나갑니다. 골프를 즐기려고만 하면, 이기는 기쁨을 모릅니다.

이 책으로 인해 골프를 즐기는 법과 이기는 법에 도움이 된다면, 저는 글쓴이가 아닌 골퍼로서 더없이 행복할 것입니다.

저는 '나쁜 골프'라는 유튜브 채널을 운영하고 있습니다. 시청자 중에 왜 '좋은 골프'가 아니고 '나쁜 골프'냐는 질문을 하십니다. 사랑하지 않으면 미워할 수 없습니다. 기대가 없으면 실망할 일도 없는 것처럼요.

저는 골프를 사랑합니다. 그래서 골프를 사랑하는 사람의 마음을 잘 압니다. 분명 내 마음과 같을 테니까요.

오랫동안 광고를 만들었던 사람으로서, 광고 카피라이터로서, 저에게 골프의 기쁨과 골프에 대한 생각과 방법에 대해 조금 더 차분하게 정리하는 계기가 되기를 바라면서 이 책을 냅니다.

이 책은 골프 하길 참 잘했다, 매너가 골프를 만든다, 골프를 쳐보면 사람이 보인다, 골프라는… , 이런저런 법, 법, 법, 말로 하는 스윙팁으로 구성되어 있습니다. 부록에는 초보 골퍼를 위한 실질적인 조언을 담았습니다. 이 책을 읽고 골프에 대한 사랑이 더 깊어지기를, 골프의 즐거움이 더 넓어지기를, 골프에 흘리는 땀이 조금 더 많아지기를 바랍니다.

강찬욱

CONTENTS

프롤로그 나쁜 골프를 사랑합니다 4

1장 골프 하길 참 잘했다

골프라는 소풍 12
자기 신기록 16
바운스백(Bounce back)! 20
우리 골프로 친해졌어요 24
세상에 이런, 골프가… 28
긍정적 중독 32
골프도 직관이다 36
60대가 30대를 이길 수 있는 유일한 스포츠 40
미안해, 공! 44

2장 매너가 골프를 만든다

나의 시간은 남의 시간이기도 하다 52
칭찬은 골퍼를 춤추게 한다 56
보이지 않아도 보인다 60
필드는 면접장 63
엄격함과 관대함의 경계 66
나랑 다시 치고 싶어요? 70

3장 골프를 쳐보면 사람이 보인다

인간성도 핸디처럼 74
내가 이런 사람이었구나 78
점수는 싱글, 인간성은 백돌이 82
이런 동반자라면 동업도 하겠다 85
바로 지금, 네가 보여 89
나를 믿지 마세요 93
캐디에게 하는 행동을 보아 하니 96
우리는 지금 몇 번 홀에 살고 있습니까? 100

골프라는…

골프는 비즈니스다_골프라는 비즈니스 104
접대골프의 기술_골프라는 접대 108
아버지는 골프를 남겼다_골프라는 유산 113
가족끼리 왜 이래?_골프라는 가족 117
우정에 금 가는 골프_골프라는 우정 121
연애에도 나이스 어프로치가 필요하다_골프라는 연애 125

이런저런 법, 법, 법…

내기에서 지지 않는 법_이런 사람과 내기하지 마세요 130
같은 스코어라도 잘 쳐 보이는 법 134
전반과 후반 스코어 차이를 줄이는 법 138
캐디에게 사랑받는 법 142
숏게임에 재미를 붙이는 법 146
구찌를 피하는 법 150
멘탈이 탈탈 안 털리는 법 154
내 핸디캡 파악하는 법 158
골프클럽 구성하는 법 162

말로 하는 스윙 팁

Lesson 1 좋은 그립을 가진 나쁜 골퍼는 없다 168
Lesson 2 어드레스만 보면 압니다 172
Lesson 3 에이밍, 똑바로 서야 똑바로 친다 176
Lesson 4 현실은 내 몸에, 아마추어의 현실적인 스윙 180
Lesson 5 시작이 반이다, 테이크 어웨이 183
Lesson 6 유연해져라, 오른손 손목 186
Lesson 7 팔은 몸에 붙어 있다 189
Lesson 8 드라이버, 정타가 장타다 192
Lesson 9 퍼팅은 돈이다, 우리는 돈 버는 노력을 안 한다 196

Lesson 10 숏생크 탈출 200
Lesson 11 힘이 있어야 힘을 뺀다 203
Lesson 12 파워가 아니다, 스피드다 206
Lesson 13 볼 좀 그만 보세요! 209
Lesson 14 다운스윙은 '다운'이다 212
Lesson 15 피칭도 웨지다 215
Lesson 16 우향우! 좌향좌! 218
Lesson 17 드로우와 페이드 221

부록

초보 골퍼를 위하여

1. 비기너가 골프 장비를 갖추는 팁 226
2. 골프백, 지금 차 트렁크에 두고 있지 않나요? 229
3. 레슨, 경제적이고 효과적으로 받는 법 232
4. 혼자서도 잘할 수 있는 연습 방법이 있나요? 235
5. 필드에서 매니지먼트로 5타 줄이는 팁 239
6. 깨백! 90깨기! 80깨기! 242

1장

골프 하길 참 잘했다

미국 존슨 대통령의 수면 안대에는
이런 말이 쓰여 있었다.

"골프나 섹스 이외에는 깨우지 마시오!"

골프라는 소풍

골퍼들이 가장 많이 하는 변명과 핑계가 "나 어제 잠 못 잤어"입니다. 초보든 구력이 좀 있는 골퍼든 비슷한 핑계를 댑니다. 프로선수조차도 인터뷰에서 "어제는 잠 잘 자서 컨디션이 좋아요"라고 하는 것을 보면, 라운드 전날 평소처럼 잠을 편하게 자기는 어려운가 봅니다.

저 역시 라운드 전날 잠이 안 와서 맥주 한 잔만 먹어야지 했다가 만취한 적이 있습니다. 왜 그럴까요? '새벽 라운드니까 아침에 못 깰까봐'라고 말하지만 그게 다일까요? '내일 잘 쳐야지' 하는 긴장감이 일단 있겠죠. 하지만 그보다도 필드에 나간다는 설렘과 기대감이 우리를 잠 못 들게 하는 것은 아닐까요? 마치 어린 시절 수학여행 전날이나 소풍 전날 그랬던 것처럼요.

수학여행 때 버스를 타고 가듯, 한 시간 혹은 그 이상을 차로 달려 도착한 골프장은 클럽하우스부터 우리를 설레게 합니다. 잘 지어진 건물에 가끔은 지나치게 럭셔리한 클럽하우스의 전경은 내가 어제 있었던 사무실의 풍경과 사뭇 다릅니다. 내가 살고 있는 집 안의 풍경과도 다르죠. 로커룸에서 옷을 갈아입고 스타트하우스에 나가면 코스의 전경이 보입니다. 맞습니다. 이때 우리는 너 나 할 것 없이 골프장에 소풍 간 아이가 됩니다.

라운드를 자주 하는 사람들은 이런 말을 합니다. "골프장에나 오니까 꽃을 본다." "골프장에 와보니 봄인지 알겠네." 봄 라운드는 골퍼들에게 봄 소풍이고 가을 라운드는 가을 소풍인 셈이죠.

남들보다 먼저 벚꽃을 보고 남들보다 늦게까지 벚꽃을 봅니다. 철쭉과 진달래가 아름다운 코스는 또 얼마나 많습니까? '잔디밭에 들어가지 마시오'와 같은 경고 푯말이 골프장에는 없습니다.

우리는 푸른 잔디를 밟으며 '골프 하길 참 잘했다'고 느낍니다. 소풍 가서 도시락을 까먹듯이 그늘집에서 맛있는 음식을 먹습니다. 학교 동창들과 라운드를 나가면, 어릴 적 함께 소풍 갔던 느낌이 한결 더하겠죠. 같이 가는 차 안에서 설레는 마음으로 많은 이야기를 하고, 카트 안에서 골프장의 풍경을 감상합니다.

어린 시절 소풍 가서 했던 보물찾기 대신에 '뽑기'라는 가벼운 내기를 하기도 합니다. 물론, 샷이 잘 안 되고 스코어가 잘 안 나오는 순간은 예쁜 홀이 악마 같은 홀이 되기도 하지만 자연은 자연 그대로 늘 아름답습니다.

대한민국은 봄, 여름, 가을, 겨울 사계절이 분명한 나라입니다. 그리고 그것이 우리나라가 금수강산인 이유라고 우리는 배웠지요. 사계절을 가장 잘 느낄 수 있는 곳, 골프장만한 데가 또 있을까요?

가을의 골프장은 어떻습니까? 제가 다녀본 대한민국의 골프장 중에 단풍이 없는 골프장은 손에 꼽을 정도입니다. 간척지를 메운 골프장이나, 새로 생긴 몇 개의 골프장을 제외하고 우리나라 모든 골프장의 가을엔 단풍이 있습니다. 단풍이 물들 듯이 우리의 좋은 시간과 관계도 은근하게 물들어 갑니다.

어쩌면 골프란, '떠나는 것'인지도 모릅니다. 바쁘고 지루한 나의 일터로부터 푸른 자연으로 떠나는 것. 반복되는 일상으로부터 새로운 시간을 향해 떠나는 것. 골프장에만 가면 승부욕이 넘치는 또 다른 나에게 떠나는 것 말입니다.

이런 골프를 매일 즐길 수 있다면 좋겠지만, 그렇게 되면 골프 역시 일상이 돼버려서 '골프라는 소풍'을 제대로 못 느낄지도 모릅니다.

라운드 전날 잠이 안 오면 '아, 내가 골프를 아직 많이 사랑하고 있구나' 하고 생각하세요. '아, 내가 아직도 설레는 무엇이 있구나' 하고 생각하세요. 설레는 것이 없어지면 우리는 이미 늙은 것이니까요.

저는 지금도 라운드 전날 설렙니다. '골프라는 소풍'을 그렇게 많이 다녔는데도 또 내일의 소풍을 기다립니다.

골프스코어는 그린 주변 70야드에서 결정된다._벤 호건

자기 신기록

골프의 기쁨 중에 가장 본질적이고 큰 기쁨은 '깨기'입니다. 영어로 'Break'이지요. "형, 나 어제 드디어 100타 깼어요!"라는 흥분이 채 가시지 않은 전화나 문자를 받아본 적 있지요? 골퍼들의 실력은 마치 계급처럼, 혹은 등급처럼 백돌이, 보기플레이어, 80대, 싱글골퍼, 스크래치골퍼로 나눕니다.

지금도 연습장에서 혹은 스크린골프장이나 필드에서 골퍼들이 땀을 흘리는 이유가 바로, 지금보다 한 등급 위로 올라가기 위해서입니다. 친구끼리나 지인끼리 골프에 대해 이야기를 하다 보면 꼭 물어보는 게 있습니다. "핸디가 어떻게 되세요?" "라베는 어떻게 되시나요?" "네, 백돌입니다." "겨우 보기플레이 합니다.” 이렇게 대답하죠. 싱글 핸디인 분들은 “나, 싱글이에요”라고 이야기하지 않고 옆 사람이나 주변에서 “이분 싱글이셔”라고 대신 이야기하곤 하지요.

한 타로 자기 기록을 깨기도 하고, 한 타 때문에 기록 달성에 실패하기도 합니다. 마지막 홀에 ‘더블 밑으로만 치지 않으면 라베야’라고 했다가 트리플로 라베를 놓치는 경우도 안타깝지만, 많이 보는 광경입니다. 저는 지금도 처음 100타를 깼을 때, 처음 90타를 깼을 때, 첫 싱글, 첫 언더파를 쳤을 때를 뚜렷하게 기억합니다. 자신의 신기록을 깬 기념비적인 날을 어떻게 잊겠습니까?

같은 시기에 골프에 입문한 친구나 지인끼리는 묘한 라이벌 의식이 생깁니다. 심지어 옆에서 은근슬쩍 부추깁니다. “누구 90타 깼다던데?”, “아무개 싱글했대.” 이러면서요. 그럼 “캐디가 스코어 잘 적어준 거 아냐?”라고 의심하면서도, 강한 승부욕이 발동합니다. “나도 깨야 하는데…” 하면서요.

겉으로는 쿨한 척 무심한 척 해도, 내가 오늘 몇 개 쳤는지에 대해 민감하지 않은 골퍼는 단연코 없습니다. 아닌 척 하는 것뿐이죠. 그래서 멀리건을 과하게 쓰기도 하고, 첫 홀 올파 같은 비정상적인 방법으로 스코어를 관리하는 경우도 있습니다. 물론 마음속 본인의 정확한 스코어는 있겠지만요.

'100타를 깨면 이제 골프 친다고 말할 수 있겠네'라는 마음이 생깁니다. 90타를 깨고 나면, '나도 이젠 평균 이상의 골퍼야'라는 자부심이 생기고요. 보기플레이어라고 자신 있게 말하는 정도라면 '나, 골프 좀 쳐요'라는 말로 골퍼들 사이에 통용됩니다.

'80대 쳐요'라는 말에는 '나 웬만큼 잘 쳐요'라는 말이 포함되어 있습니다. '싱글 치셔'라는 말은 '골프 엄청 잘 쳐'라는 말이 되겠지요.

골프는 스코어만이 기록은 아닙니다. 프로선수의 기록에서 '노 보기플레이'가 있듯이 주말골퍼들은 '노 더블플레이'도 기록입니다. 라이프 최다 버디 역시 라이프 베스트 스코어처럼 기록적인 것이지요. 18홀 중에 '나는 파온을 몇 개 시켰나'라는 기록을 한 번 내보십시오. 그러면 '깨는' 기쁨이 더 커집니다.

벙커에 세 번 들어갔는데 세 번 다 파를 기록했다면, 이 역시 주말골퍼로서는 대단한 기록입니다. 보기플레이어가 파를 10개 이상 기록했다면, 이 역시 자신의 신기록일 수 있습니다.

오직 18홀 전체 스코어만 갖고 신기록 행진을 하려고 하면, 좀처럼 기록을 깨지 못하는 자신에게 실망할 수 있습니다. 스코어에만 연연하지 말고 다양한 기록을 스스로 만들어보세요. 예를 들면 라이프 롱기스트 드라이버 비거리 기록도 기록입니다.

하나의 라운드에는 정말 많은 도전들이 기다리고 있습니다.

'오늘 라운드에서 반드시 라베해야지'에만 목표를 세우지 마세요. '오늘은 파 10개 이상 해야지', '오늘은 버디 3개가 목표야!'로 목표를 다양하게 세우면, 골프의 기쁨이 더 다양해지고 깊어집니다.

자신의 기록을 깨십시오. 기록은 깨지라고 있는 거니까요.

많은 샷이 마지막 순간에 몇 야드를 추가하려는 노력 때문에 망친다._ 바비 존스

바운스백(Bounce back)!

프로골프투어에서 좋은 성적을 올리려면, 백투백(Back to Back)과 바운스백(Bounce back)을 잘해야 한다고 합니다. 야구를 좋아하는 분들은 알겠지만, 백투백 홈런이라고 하면 두 타자가 연속으로 홈런을 치는 것을 말합니다. 골프에서의 백투백은 연속 버디가 되겠죠. '백투백 투 백투백'이면 4연속 버디가 되는 것이고요. '물 들어왔을 때 노 저어라'라는 말처럼 기회가 왔을 때 그 기회를 놓치지 않고 몰아치는 능력이 중요하다는 말입니다. 한 라운드에서 10언더파를 기록하는 무서운 기세가 바로 그런 경우입니다.

바운스백은 만회하고 회복하는 것입니다. 전 홀의 실수를, 잃어버린 스코어를 좋은 스코어로 만회하는 것이지요. 보통은 보기 후에 버디를 하면 바운스백했다고 합니다. 한 타를 잃은 후, 한 타를 줄이는 경우입니다. 실수를 연발하지 않고 바로 만회할 수 있어야 좋은 성적을 올릴 수 있습니다.

'일희일비'라는 말이 있습니다. 기뻤다가 슬펐다가 한다는 뜻입니다. '일희일비 하지 말자'라고 하면 지금의 기쁨에 마음 놓지 말고 지금의 슬픔에 연연하지도 말자는 뜻이지요. 저는 바운스백은 '일비일희'라고 생각합니다. 안 좋은 기억과 실수를 바로 좋은 성과로 만회하는 것이니까요.

우리 인생은 어떻습니까? 무슨 일을 하든 술술 잘 풀리고, 하는 일마다 성공을 거두는 백투백의 시기도 있겠죠. 보통 승승장구라고 하는 시간입니다. 승승장구할 때는 언제까지나 영원히 이 성공이 지속될 것이라고 믿지만, 세상살이, 인생살이가 반드시 그렇게 되지는 않습니다. 잘 될 때, 잘 나갈 때, 더 잘 나가려고 박차를 가하지만 뜻하지 않은 난관에 부딪히고 한 번도 생각해보지 않았던 실패라는 명함을 받아들게 됩니다.

타이거 우즈는 2020 마스터스 아멘코너의 두 번째 홀인 파3 12번 홀에서 10타 만에 홀아웃을 했습니다. 한 홀에 7오버파를 기록했습니다. 아마 앞으로도 우리가 마스터스를 이야기할 때, 타이거 우즈의 이 홀 플레이는 오래도록 사람들의 입에 오르내

리겠지요. 타이거 우즈가 파3에서 10타라니요. 당시 타이거 우즈의 기분은 어땠을까요? 물에 빠지고, 또 물에 빠지고, 벙커에서 친 볼이 또 물에 빠졌을 때 말입니다.

그런데요, 셉튜플보기(Septuple Bogey)라는 듣도 보도 못했던 스코어를 기록한 후, 타이거 우즈는 남은 6홀에서 5타를 줄였습니다. 38위의 준수한 성적으로 토너먼트를 마쳤습니다. 우리 주말골퍼 같으면 어땠을까요? 물론, 우리끼리의 룰(맥시멈 스코어 룰)인 양파, 흔히 말하는 트리플보기로 끝냈겠지만요. 7개 오버를 그대로 스코어카드에 적어내야 한다면, "오늘 포기다!" "나 그냥 집에 갈래"라고 했을지도 모르고, 성질 나쁜 골퍼였다면 평화로운 잔디에, 애꿎은 골프클럽에, 아니면 동반자에게 화풀이를 했을지도 모를 일입니다.

제가 아는 어느 선배님은 동기들이 임원이 되고 다른 회사에 스카웃되었을 때도 만년 팀장이었습니다. 사람들이 '이제 저 선배 끝난 거 아닌가' 하면서 걱정 어린 시선을 보냈지만, 결국 임원이 됐고 가장 오랫동안 회사생활을 했습니다.

이번 홀엔 좋은 성적을 못 냈지만, 다음 홀은 내가 좋아하는, 내게 맞는 홀이 나올 수 있습니다. 이번 연도엔 좋은 성과를 못 냈지만 내년에는 나에게 좋은 기회가 올 수도 있습니다.

승승장구한다고 해서 방심해서는 안 되겠지만, 실수했다고 실망할 필요도 없습니다. 실수는 실패가 아니니까요. 바로 만회하고 회복하면, 즉 바운스백하면 실수도 하나의 성공으로 가는 과정일 뿐이니까요.

골프의 구성요소는 50%의 멘탈, 40%의 셋업, 10%의 스윙으로 이루어져 있다._잭 니클라우스

우리 골프로 친해졌어요

저는 대기업 계열의 광고회사에 카피라이터로 입사했었습니다. 대리를 끝으로 5년 동안의 짧은 직장생활을 마치고, 조그마한 회사를 시작했습니다. 아주 오래전 일이지만요. 지금 생각해보면 무식하고 무모한 도전이었지만, 큰 회사의 조직에서 벗어나 내 마음대로 자유롭게 일하고 싶다는 마음이 당시에는 컸습니다. 그 후로 꽤 많은 시간이 흘렀고, 참 많은 사람들을 만났습니다. 비즈니스로 수많은 사람을 만났지만, 시간이 흘러 생각해보니 골프로 만났던 사람들이 더 기억에 남습니다.

비즈니스로 인연을 맺은 사람이 나중에 골프 동반자가 되기도 했습니다. 친구의 친구와 친구의 선후배와 동반자가 되기도 했습니다. 골프모임에도 참가하게 되었고요. 학교 다닐 때는 친하지 않았던 친구를 다시 만나 골프를 하게 되었습니다. 20년 동안 푸른 잔디 위에서 얼마나 많은 사람들을 만났을까요?

그중엔 좋은 사람도 있었고, 나쁜 사람도 있었습니다. 성격이 특이한 사람도 있었고, 참 매력적인 사람도 있었습니다. 좋은 사람, 나와 맞는 사람과는 라운드를 계속했고, 지금도 골프라는 인연으로 같은 시간을 공유하고 기억하며 함께하고 있습니다.

물론, 서로에게 심하게 삐진 사람도 있습니다. '저 사람은 나와 안 맞는 거 같아' 하며 그 사람 몰래 미리 등을 돌린 적도 있습니다. 하지만 어떤 활동으로도 얻기 힘든 참 많은 사람을 얻었고 좋은 기억을 갖게 됐습니다.

회사에서 회식을 해도 1차만 하거나 점심 회식을 하는 시대입니다. 접대라고 이야기하는 비즈니스 자리 역시 예전에 비해 일찍 끝납니다.

골프는 어떻습니까? 아무리 적게 잡아도 라운드 전후로 5시간은 같이 있어야 합니다. 그 사람이 좋든 싫든 상관없이요. 카풀을 하고 라운드 이후 식사까지 한다면, 그 시간은 더 길어집니다. 제가 아는 어떤 후배는 '아침에 만나서 라운드 하고 밥 먹으면서 술 마시고, 다시 발동 걸려서 스크린 치고 집에 갔더니, 17시간 같이 있게 되더라'라며 그 지경이 되니 친해질 수밖에 없다고 말하더군요.

학창시절엔 잘 몰랐었는데, 어쩌다 같이 골프를 하게 돼서 다시 친해진 경우도 많습니다. '아, 이 친구가 이런 친구였구나.' 친구의 재발견이라고 해야 할까요? 동호회에서 죽(?)이 맞아 마치 몇십 년 지기처럼 친해지는 경우도 있고, 심지어는 조인라운드에서 친해져서 좋은 친구가 된 경우도 있습니다.

골프는 참 많은 이야기를 만들어줍니다. 스코어, 샷, 플레이에 대한 이야기뿐만이 아닙니다. 잔디를 밟고 걸으며, 같은 방향으로 걸어가면서 서로를 궁금해하고 안부를 주고받지요. 가족 이야기, 요즘 하는 일 이야기 그리고 녹색의 자연과 함께, 좋은 날씨와 함께 많은 이야기를 나눕니다.

때론 서로에게 승부욕이 발동하기도 하지만 경쟁 속에서 서로 씩씩거리다가 정이 들고, 서로 시비를 가리다가 유쾌한 웃음이 이어집니다. 골프처럼 짧은 시간에 사람과 삶을 자연스럽게 이어주는 것이 또 있을까요?

"그날 시간 돼?" "응, 동반자가 누군데?" "어, 너한테 꼭 필요한 사람." 이런 대화 익숙하시죠?

처음 보는 사람과의 라운드는 긴장되기도 하지만 '그 사람은 어떤 사람일까?' 많이 설렙니다. 설렘을 주었던 그 사람이 좋은 사람이었다는 생각이 들면, '이 사람과 또 치고 싶고 친해지고 싶다'라는 생각을 합니다.

골프 하면서 얼마나 많은 사람을 만났나요?

지금 그 사람들이 다 곁에는 없겠지만, 골프를 계속한다면 앞으로도 좋은 사람 만날 수 있을 것입니다.

연습장은 기술을 닦는 곳, 코스는 스코어 내는 방법을 배우는 곳이다._ 진 니들러

세상에 이런,
골프가…

'아, 억울하다. 이 좋은 것을 나는 왜 지금 시작했지?'

제가 인생 첫 라운드에서 느낀 감정입니다. 30대 초중반에 골프를 시작했으니, 남보다 빨리 시작한 것일 수도 있는데 그렇게 생각했습니다.

골프는 나와 상관없는 운동이라고 생각했었기 때문에 평소에는 관심이 없었습니다. 그런데 막상 골프를 배우고 골프장에 가보니 그곳엔 완전히 다른 세상이 펼쳐져 있었습니다. 태어나서 그렇게 잘 정리된 넓고 푸른 잔디를 본 적이 없었습니다. 평일임에도 골프를 하고 있는, 여유롭고 있어(?) 보이는 골퍼들의 모습은 다른 세상 사람처럼 보였습니다.

연습장 매트 위에서, 당시엔 골프 볼도 바구니로 가져와서 쳤었는데, 샷만 연습하다가 필드라는 곳에 나가서 그 안에 내가 있다는 어색함과 낯설음을 즐기면서, 느꼈던 것이 '세상에 이런, 골프가…'입니다.

정신없이 쫓아다니고 뛰어다녔던 18홀의 기억이지만, 결국 마지막 홀을 마치고 난 후의 내 마음속 문장은 '이렇게 재밌는 것이 있었다니'였습니다. 야구에서 펜스를 넘기는 홈런이 100미터입니다. 그런데 드라이버로 200미터를 보내다니요. 108번뇌라 그렇다고 흔히 얘기하는 108밀리미터의 홀에 볼을 넣었을 때의 짜릿함. 초짜였다 보니 OB가 안 나고 페어웨이에 티샷이 떨어졌을 때의 안도감, 정말 네 시간 반이라는 긴 시간 동안 계속되는 흥분은 그 어떤 운동에서도 느껴보지 못했던 감정이었습니다.

그날, 이 표현이 마음엔 안 들지만, 흔히 머리를 올렸다고 말하는 인생 첫 라운드 날에 저는 결심했습니다. 이 좋은 골프를 내 인생 끝까지 함께하고 좋아하겠노라고….

골프는 우리가 어린 시절부터 해왔던 다른 운동과는 다른 운동입니다. 그 어떤 경기보다 플레이 시간이 깁니다. 야구로 치면 9회가 끝나고 연장전을 몇 회 치룰 시간에 골프는 끝납니다. 경기 시간이 긴 테니스도 5세트, 풀세트 접전을 해야 골프와 경기 시간이 비슷합니다. 보통 프로대회가 3인1조, 4시간 15분 정도가 소요되니까요. 주말골퍼의 주말라운드는 중간 인타임까지 포함하면, 더 길 수도 있습니다.

골프는 볼을 갖고 하는 구기이고 도구를 사용하는 게임입니다. 그것도 가장 많은 14개의 도구입니다. 볼의 크기는 작고 홀도 작습니다. 야외에서 하는 경기다 보니 비, 바람, 기온 등 날씨의 영향도 많이 받습니다. 골프장의 모든 구장은 다릅니다. 축구장, 야구장, 농구 코트는 늘 같은 규격에 같은 라인이 그려 있는데 말이죠.

심판은 없고, 같이 플레이하는 동반자와 서로의 스코어를 체크합니다(물론 주말골퍼들의 라운드에선 캐디가 하지만요). 이런 다른 점들이 골프를 더욱 매력적으로 만들고, 우리에게 아주 낯설고 새로운 경험을 선물합니다.

새로운 골프장에 가는 기쁨, '아, 세상에 이런 멋진 골프장도 있구나.' 역시 골프만이 줄 수 있는 감동입니다. 골프 옷은 또 어떻습니까? 골프는 유니폼이 없습니다. 유니폼이 없는 테니스는 반팔과 반바지를 주로 입는데 반해, 골프는 헌팅캡과 니삭스, 컬러플한 니트와 체크무늬 팬츠까지 의상도 다양합니다. 이 역시 골프만이 우리에게 주는 즐거움입니다.

여러분의 골프는 어떻습니까? 어떤 감동과 즐거움을 줍니까?

물론 골프가 잘 안될 때는 '내가 이걸 왜 시작했나'라는 생각이 들 정도로 스트레스를 주기도 하지만 결국 '골프 하길 잘했지'로 생각이 바뀝니다. 그만큼 골프는 매력적입니다. 그래서 골프는 한 번 빠지면 끊기 어려운 것 같습니다.

볼에 너무 가까이 서도 너무 멀리 서도 몸의 동작은 나빠진다._벤 호건

긍정적 중독

주변에서 골프를 권하면 "내가 무슨 골프야?" "골프는 나랑 안 맞을 거 같은데…" 하다가 뒤늦게 나이 들어서 골프를 시작하고, 푹 빠지는 경우가 많습니다. 골프와 사랑에 빠졌다고 합니다. 늦바람이 났다고도 합니다. 골프는 한 번 빠지면 헤어나기 어려운 운동임이 분명합니다. 한마디로 중독성이 강합니다.

타이거 우즈는 스스로 골프에 중독됐다고 말했습니다. 돈을 많이 버는 중독이니까, 주말골퍼들처럼 돈을 많이 쓰는 중독과는 달라 보이지만, 하나의 대상에 몰입한다는 면에서는 같은 증상이라고 할 수 있습니다.

미국의 존슨 대통령이 잠잘 때 쓰는 안대에는 '골프나 섹스 외엔 깨우지 마시오'라고 적혀있었다고 합니다. 우리나라에 낚시 과부란 말이 있었던 것처럼 미국에는 골프과부(Golf Widow)란 영어 단어가 공식적으로 사전에 등재되었다고 합니다.

100타를 치면 골프를 무시하는 것이고, 90타를 치면 가정을, 80타를 치면 일을 무시하는 것이고, 70타를 치면 이 모두를 무시하는 것이라는 말이 있습니다. 실제로 골프로 인한 이혼사례도 꽤 있다고 합니다.

골프를 시작하면 자나 깨나, 앉으나 서나 골프 생각뿐입니다. 사우나 안에서 땀 뻘뻘 흘리면서 수건으로 빈스윙하고 있는 분 본 적 있죠? 당구장에서 큐대로 테이크 어웨이 연습하는 분, 길이나 공공 장소에서 우산을 휘두르는 분, 저는 교회에서 찬송가에 맞춰 퍼팅 빈스윙을 하는 걸 본 적도 있습니다. 차번호가 1111인 것을 보고 '올 보기네!' 하는 사람도 봤습니다.

정신과 의사인 글래서(W. Glasser) 교수는 《긍정적 중독(Positive Addiction)》이란 책을 냈습니다. 이름에서 알 수 있듯이 '부정적 중독'의 반대 개념이겠지요. 긍정적 중독의 특징을 살펴보면,

첫째, 긍정적 중독에서는 중독 때문에 나약해지는 것이 아니라 오히려 내적인 힘을 얻어 본인이 원하는 것을 잘 성취할 수 있도록 돕는다.

우리의 골프는 어떤가요? 한번 생각해봅시다.

둘째, 부정적인 중독은 건강에 해로운 반면 긍정적 중독은 하찮은 일 같아도 그 효과는 장대하다.

글래서 교수는 이 책에서 달리기를 예로 들어 설명했습니다.

셋째, 긍정적 중독은 그러한 중독에 도달할지를 스스로 선택할 수 있다.

골프에 대입해보면, '하루라도 골프를 연습하지 않으면 살 수가 없어'라는 지점까지 스스로 결정한다는 이야기입니다.

넷째, 긍정적 중독은 과음, 흡연 등 나쁜 습관을 중단할 수 있도록 도움을 준다.

골프를 통해서 알코올중독을 극복했다는 할리우드 배우가 있습니다. 골프 치니까 술을 덜 먹게 된다는 얘기를 주변에서 들어보지 않았나요? 저는 금연을 하다가도 골프장에만 가면 미스샷과 골프장 분위기 탓에 다시 흡연하게 된 적도 있긴 합니다.

다섯째, 긍정적 중독에서는 쾌감만의 단조로운 감각이 아닌 성취감, 충만감 등 다양한 충족이 이뤄진다.

골프에서 얻는 성취감과 충만함 역시 다양하다고 생각합니다.

여섯째, 긍정적 중독에서는 하루하루의 생활을 긍정적으로 시작하기를 원하게 된다.

해석이 좀 어려운 문장인데, 쉽게 말하면 '다음날이 기다려진다. 오늘이 또 기대된다'라는 뜻일 것입니다.

긍정적 중독에 이르는 6단계를 살펴보면,

1단계: 당신이 하기로 선택하고 매일 1시간 정도 투자할 수 있는 비경쟁적인 것.

2단계: 쉽게 할 수 있고 잘하기 위해서 정신적인 노력을 필요로 하지 않는 것.

3단계: 혼자, 혹은 다른 사람과 하지만 그것을 하기 위해 다른 사람에게 의존하지 않는 것.

4단계: 당신을 위한 가치(신체적, 정신적, 영적)가 있다고 믿는 것.

5단계: 당신이 그것을 계속하여 향상되리라고 믿는 것(주관적으로).

6단계: 그 활동은 자신을 비판하지 않고 이 활동을 하는 동안 자신을 수용할 것.

이 6단계에 골프를 대입해보면 골프는 충분히 '긍정적 중독'에 이를 수 있다는 것을 알 수 있습니다. 저는 그렇습니다.

어떻습니까? 여러분의 골프는 '긍정적 중독'입니까?

골프도
직관이다

야구장이나 축구장에 가서 경기를 직접 보는 것을 '직관'이라고 합니다. 코로나로 인해 많은 아쉬움이 있었고, 일상의 소중함을 다시 느꼈지만, 그중 하나가 골프대회에 갤러리로 갈 수 없었던 것입니다. 제가 처음 갤러리로 골프대회를 본 것은 아주 오래 전 우정힐스에서 열렸던 한국남자오픈이었습니다. 당시 존 댈리 선수가 초청됐었고, 우승을 차지했습니다. 당시 존 댈리의 티샷을 보았는데, 정말로 하늘 끝까지 볼이 올라가는 듯했고, 시야에서 순간 사라질 정도로 멀리 나갔습니다. 그때 이후로 좋아하는 코스에서 열리는 경기에 갤러리로 가는 것에 재미를 붙이게 됐습니다.

특히 KLPGA가 인기몰이를 하고 많은 대회가 개최되면서 평소 좋아하는 선수들의 플레이를 직접 보며 흥분하곤 했습니다. 지나가는 선수들에게 "파이팅!"이라고 말을 건넸을 때 "네, 감사합니다!"라는 답변을 들으면, 괜스레 '저 선수 인성이 괜찮다'고 생각하기도 했습니다.

다른 스포츠에 비해서 골프갤러리의 장점은, 마음만 먹으면 하루 종일 즐길 수 있다는 것입니다. 경기가 길다고 하는 야구도 길어봐야 4시간인데, 골프는 아침 일찍 골프장에 가서 마지막 선수의 경기까지 보고 나면, 하루가 다 갑니다. 입장료가 비싸지 않고 초대권을 구하기도 어렵지 않습니다. 또한 골프갤러리는 내가 자유로운 옵션을 선택해서 관람할 수 있습니다. 가장 좋아하는 선수를 따라 다니면서 관람하거나, 몇 개 홀이 만나는 황금 포인트에서 기다리면서 여러 선수들을 볼 수도 있습니다. 선수들의 티샷만 볼 수도 있고, 선수들의 숏게임이나 그린플레이만 볼 수도 있습니다. 야구나 축구는 잠시 화장실 갔다 온 사이에 결승타를 치거나 결승골을 넣을 수 있으니 함부로 자리를 뜰 수 없는데 비해 골프는 비교적 여유가 있습니다.

골프대회를 직관하면, 선수와 내 플레이를 비교할 수 있습니다. 저는 스카이72 오션과 하늘 코스에서 라운드를 많이 했는데요. 그러다 보니 내 티샷의 랜딩에어리어와 세컨샷을 어떤 클럽으로 했는지가 머릿속에 아주 명확하게 입력되어 있습니다. 스카이72 오션에서는 여자 대회가 많이 열리니, 그 선수들의 드라이버 비거리와 내 비거리의 비교가 가능합니다. 스카이72 오션 코스 13번 홀 파5에서 박성현 선수의 티샷이 크릭 바로 앞까지 가는 것을 보고 깜짝 놀랐습니다. 그곳은 제가 보통 티샷을 했을 때 떨어지는 거리보다 20~30미터는 앞이었거든요. '아, 선수들은 저기까지 보내놓고 바로 지르는구나.' '나도 그렇게 쳐봐야지.' 하는 생각이 아주 잠깐 들기도 했습니다.

골프갤러리로 가면 선수들의 다른 모습을 볼 수 있어서 좋습니다. 앞 팀이 빠지기를 기다리면서 자기들끼리 장난치는 모습이라든지, 운동만 하는 냉정한 프로선수인 줄 알았던 선수의 인간적인 모습을 보게 되면 그 선수에게 빠지게 됩니다. 눈을 마주쳐주고 응원에 친절하게 답하는 모습에 팬이 되는 것이죠. 아주 오래전에 블루헤런에 갤러리로 갔다가, 서희경 선수의 친절하고 상냥한 모습에 반해 팬이 됐던 기억도 있습니다.

남자분들은 특히 여자 대회에 가면 스윙템포와 리듬에 많은 도움이 됩니다. 여자 프로들은 남자 아마추어들의 헤드스피드와 볼스피드가 비슷하니 그들의 템포를 잘 보면 배울 점이 많습니다. 프리샷루틴도 마찬가지입니다. 실제로 선수들의 시합을 보면 프리샷루틴이 거의 일정합니다. 선수마다 약간의 차이가 있기는 하지만 거의 비슷한 느낌의 일관성을 발견할 수 있습니다. 그 점 역시 직관의 좋은 점입니다.

갤러리로 가게 되면 신인이면서 눈에 띄는 선수가 보입니다. 이 선수는 금방 올라가겠다는 느낌을 주는 선수들이 있습니다. 박성현 선수가 그랬고, 김민선 선수도 그랬습니다.

마스터스 토너먼트는 갤러리를 갤러리라고 하지 않고 페이트런(Patron)이라고 합니다. 단순히 구경하는 사람이 아닌 후원자라는 뜻입니다. 많은 골퍼들이 마스터스의 페이트런으로 가보는 것이 꿈이라고 하는데 저도 제 인생의 버킷리스트 중 하나입니다.

마스터스 토너먼트, 오거스타 내셔널골프클럽, 죽기 전에 가볼 수 있을까요?

60대가 30대를 이길 수 있는 유일한 스포츠

2009년 디 오픈(THE OPEN)에서 마지막 18번 홀의 뼈아픈 보기로 한 타 차 선두를 지키지 못하고, 연장전에서 스튜어트 싱크에게 패해 준우승에 그쳤던 톰 왓슨은 당시 나이가 60세였습니다.

이미 디 오픈의 트로피인 클라라저그를 다섯 차례나 들어 올렸던 톰 왓슨의 이날 경기로 인해, 우승자에게 주어지는 60세까지의 시드가 탑10을 기록하면 5년 더 연장된다는 새로운 룰이 만들어졌습니다. 톰 왓슨은 2015년 특별 초청선수로 참가해 세인트앤드류스 올드 코스 18번 홀의 스윌큰 브릿지에서 감격적인 은퇴를 하게 됩니다.

2009년의 연장전은 테니스로 치면 윔블던 결승전과 같은 것인데, 라파엘 나달이나 페더러가 60세에 결승에 오를 수 있을까요?

잭 니클라우스가 1986년 마스터스 토너먼트를 우승했을 때의 나이가 46세였고, 1998년에는 58세의 나이에 마스터스에서 공동 6위를 기록하기도 했습니다.

82승으로 타이거 우즈와 PGA 역대 최다승 타이기록을 갖고 있는 샘 스니드는 52세에 우승을 했습니다. 한국의 최상호 프로는 시니어투어를 뛸 나이인 만 50세에 메이저인 매경오픈을 우승했습니다.

그렇습니다. 골프는 60대가 30대를 이길 수 있는 유일한 스포츠입니다. 어떻게 그게 가능할까요?

경기 중에 에이지 슈팅을 9번이나 기록했던 톰 왓슨은 이런 말을 했습니다. "좋아한다면 골프는 죽을 때까지 성숙해진다."

신체적인 능력은 젊은 시절에 비해 떨어지지만, 경험과 노련미라는 쉽게 사라지지 않는 무기를 장착한 시니어골퍼. 저도 골프를 20여 년 치고 있지만 지금도 무언가 고쳐보려고, 바꿔보려고 애쓰고 있습니다. 젊은 시절의 다이내믹한 스윙은 좀, 아니 많이 약해졌지만 제 스윙은 지금도 진화하고 있다고 믿습니다.

골프는 한순간에 꽃을 피우는 것이 아니라 더 깊고 넓게 뿌리

내리는 것이죠. 나이 들수록 익어가는 골프, 멋지지 않나요?

나이가 들면 할 수 있는 것과 할 수 없는 것을 알게 됩니다. 누군가는 도전정신이 부족하다고, 혹은 너무 보수적인 것이 아니냐고 반문할 수 있지만, 저는 그것이 바로 성숙한 골프라고 생각합니다.

인생도 경험하지 않고는 알 수 없듯이 그 무엇과도 바꿀 수 없는 경험이라는 자산이 시니어골퍼들에게는 있습니다.

시니어골퍼들에게는 비거리 대신 정확성이 있고, 롱게임 대신 숏게임이 있습니다. 우리는 주변에서 파온에 실패해도 어프로치샷과 퍼팅으로 파세이브를 하는 시니어골퍼들을 많이 봅니다. 시니어골퍼들은 문제점을 빨리 파악합니다. 이 역시 플레이가 안 됐던 수많은 날들이 쌓여 몸 안에 본능적으로 내재되어 있는 것이죠. 젊은 골퍼들이 18홀 내내 "왜 이러지?" 하면서 라운드를 마치는 것과는 대조적으로요.

시니어골퍼들에겐 롱아이언 대신 우드와 유틸리티클럽이 있고, 찬스에서 집중력도 강합니다. 플레이가 화려하진 않아도 매우 실용적인 플레이를 하는 것이죠.

멘탈은 나이와 반비례한다고 생각합니다. 수십 년의 골프와 몇 년의 골프가, 설령 핸디캡이 같다고 해도 멘탈까지 같을 수 있겠습니까? 전 홀의 실수로 온갖 탄식과 함께 자책하는 젊은 골퍼와 달리 허허실실, 그럴 수도 있지 하면서 유유자적하는 시니어골퍼, 어쩌면 우리의 선배나 아버지의 모습입니다.

구력이란 시간의 길이가 아니라 경험의 길이입니다.

나이가 들어서 스윙이 예전 같지 않음에 실망하는 분들이 있다면 이 말을 기억해보십시오.

'나의 스윙은 늙는 것이 아니라 성숙해져 가는 것이다.'

'나의 스윙은 변하는 것이 아니라 진화하는 것이다.'

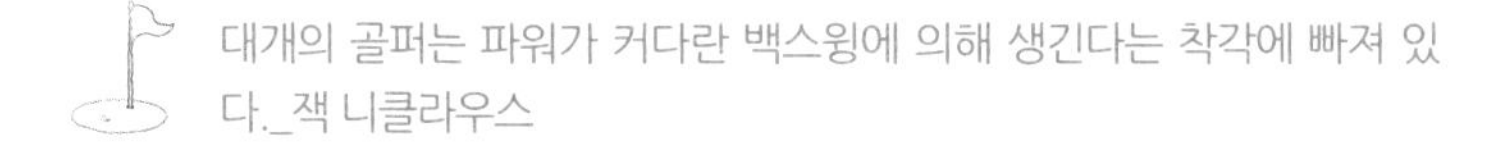

미안해, 공!

_해저드에 빠진 공들의 외침

뒤통수를 맞은 공이

하늘로 높이 솟았다

하늘과 바람 속을 넘나들다

공은 마음이 바뀌었는지

오른쪽으로

경로를 바꾸었다

그런 거다

늘

때린 사람의 의지와

맞은 놈의 의지는

배치되는 거다

공이, 사라졌다

풀 같기도
물 같기도

때린 사람의
발이 빨라졌다

왼발엔 살아있을 거야
하나, 둘
오른발엔 죽었을 거야
하나, 둘

때린 사람의
머리가 복잡해졌다

새 공이었나
헌 공이었나

내가 산 건가
선물 받은 건가

공은
연못의 터줏대감이 돼버린

그래서
얼굴색이 어둡게 바랜
선배 공 옆에
수줍은 하얀 얼굴로 자리 잡았다

이미 연못엔
많은 공들이 있었다

연못에 가둬놓은
주인에게
불평을 털어놓기 시작한다

우리 주인은
쓸데없이 힘을 준 거야

우리 주인은

어깨 회전이 안 된 거야

우리 주인은

어여쁜 그녀에게 잘 보이려다가

긴장한 거야

우리 주인은 초보인데도

하나에 몇천 원 하는

비싼 나를 쓴단 말야

누가 알겠는가?

개구리도 울지 않는

이 평온한 연못에

공들이 이렇게

울어대고 있다는 걸

잘못했다

네모반듯한 박스에서 너를 꺼내
정성스레 빨간 네임펜으로
내 이름 마지막 자를
사인할 때만 해도

타이틀리스트 프로브이원 4번
너를 연못에
보낼 생각은 안 했단다

오직 너 하나와
18홀 끝까지
함께하고 싶었단다
다음엔

어깨 많이 돌릴게
템포 무너지지 않을게

그리고

어여쁜 그녀를

연못 뒤에 박혀 있는

돌처럼 생각할게

2장

매너가 골프를 만든다

"신사들이 골프를 한다.
시작했을 때 신사가 아니더라도
이 엄격한 게임을 하게 되면
신사가 된다."

나의 시간은
남의 시간이기도 하다

약속 시간에 늦는 사람들은 늘 늦습니다. 심지어 그 사람의 집 앞에서 약속을 해도 늦습니다. 약속 장소에 사람들이 다 모여 있으면 그제야 마지막으로 등장하는 사람, 그것이 어떤 심보인지는 사람마다 다르겠지만, 그런 습관은 여지없이 골프에서도 드러납니다. 일상생활에서 약속을 자주 변경하거나 깨는 사람은 골프 약속도 쉽게 여기는 경향이 있습니다.

라운드 며칠 전에 갑자기 "나 이런저런 이유로 못가겠다"라고 말하면 참으로 난감합니다. 4명 필수인 부킹이라면, "사람 못 구하면 내가 그린피 내겠다"고 말할지라도 이런 행동이 반복되면, 그 사람에 대한 신뢰는 바닥으로 떨어지게 됩니다.

어쩌다 한 번은 모르겠는데 두 번 세 번 그러면 상습범으로 느껴져서 라운드 전에 그 사람한테 카톡만 와도 '또 안 된다는 거 아냐?' 하는 생각이 들 수 있습니다. 특히 아프다는 이유는 아무리 처방전 찍어서 올리고, 손가락에 붕대 감은 거 올려도 반복되면 곤란합니다.

보통 라운드 멤버를 짤 때, "그날 시간 돼?"라고 물어보면, 말미를 정확하게 밝혀주는 것이 좋습니다. "내일 오전까지는 가부를 알려줄게." 이런 식으로요. 막연히 '일단 생각 좀 해볼게' 하고 언제까지인지 안 알려주면, 상대방이 다른 사람을 구하는 시간마저 낭비해버리는 것이니까요.

'시간의 매너', 골프 매너 중에 가장 지키기 쉬운 매너지만, 가장 소홀히 하는 매너이기도 합니다.

제 후배 한 명은 늘 골프장에 가장 먼저 도착합니다. 리셉션에서 등록하려고 하면, 늘 그 후배의 이름이 먼저 등록돼 있습니다. 골프가 아닌 다른 약속에서도 늘 먼저 오는 것은 말할 것도 없지요. 반면에 "어디야?" "다왔어"의 대화가 반복되는, 늘 마음 졸이게 하는 사람도 있습니다. 헐레벌떡 식당에 와서 시간이 빠듯한데도 밥은 꼭 챙겨 먹는 사람, 그러면 스타트에 또 늦게 되고, 결국 두 번 늦게 됩니다.

퍼팅 연습이나 몸을 풀기 위해서가 아니더라도 동반자와의 시간 약속보다 먼저 도착하는 게 좋습니다. 스타트에 남들은 다 나가 있는데, '화장실이야'라고 하면서 동반자들을 기다리게 하지 마십시오.

플레이를 하다 보면, 플레이 속도가 유난히 느린 골퍼가 있습니다. 우리가 흔히 '슬로우 플레이'라고 하는, 시간을 많이 쓰는 플레이어지요. 대부분의 슬로우 플레이어는 본인의 문제가 아니라 진행을 급하게 하는 한국 골프장의 문제라고 변명이나 항변을 하지만 이것은 동반자들의 시간을 소중하게 생각하지 않는 자세입니다. 서로 지적하지는 않더라도 대체로 비슷한 시간을 쓰도록 고안되어 있는 운동에서 특정 골퍼가 시간을 많이 써버리면 다른 동반자들의 시간은 상대적으로 줄어들게 됩니다.

장갑은 미리 끼고, 티도 미리 준비하십시오. 연습스윙도 두 번까지만 하십시오. 이 정도만으로도 모두의 시간을 잘 지킬 수 있습니다.

이런 말이 있습니다. '슬로우 플레이어의 버릇을 고칠 수 있는 유일한 방법은 그 사람보다 더 느린 골퍼를 붙여주는 것이다.' 잊지 마십시오. 어떤 골퍼에 대해 뒷담화하기 가장 좋은 주제는 슬로우 플레이란 것을….

새로 개정된 룰에는 로스트볼을 선언하는 시간이 3분입니다.

다시 말해 3분 동안 볼을 찾을 수 있다는 말이지요.

얼마 전에 브라이스 디샘보가 로스트볼을 선언하지 않고, 캐주얼 워터 내 어딘가에 볼이 있을 거라고 우기다가 비매너로 물의를 빚기도 했는데요. 로스트볼 3분 규정 역시 골프라는 경기의 시간을 줄이기 위해, 다른 플레이어의 시간을 빼앗지 않기 위해 만든 룰입니다.

골퍼 중에 캐디와의 시간을 독점하는 골퍼도 있습니다. 그린에서도 마치 개인 캐디인 양 의논하고 또 의논하고 시간을 많이 쓰면 다른 골퍼들의 분량을 빼앗는 것이죠. "우리 캐디는 왜 맨날 쟤 앞에만 있는 거야." 당연히 이런 불만이 터지게 됩니다.

매너를 잃는 순간 동반자를 잃습니다. 동반자를 잃으면 골프를 잃습니다. 내가 남들의 시간을 빼앗으면, 골프는 나에게 즐거운 시간을 빼앗아갑니다.

머리는 스윙 균형의 중심이다. 머리가 움직이면 균형도, 스윙의 아크도 몸의 동작도 그리고 타이밍까지 바뀐다._맥 그라우트

칭찬은 골퍼를 춤추게 한다

'칭찬은 고래도 춤추게 한다'는 말이 있지만, 칭찬에 대한 격언, 속담을 보면 대체로 과한 칭찬이나 적절하지 않은 칭찬은 독이 된다는 쪽이 많습니다. 심지어 '바보를 칭찬하는 것은 어리석음에 물을 주는 것이다'라는 말이 있을 정도니까요.

저는 골프 매너 중에 칭찬을 적재적소, TPO에 맞춰 하는 것 역시 중요한 매너라고 생각합니다. 물론 골프에서는 칭찬이 우리가 흔히 구찌라고 표현하는 말 방해(말 견제)가 되기도 합니다. 1번 홀에서 "내가 아는 사람 중에서 래깅을 제일 잘하는 거 같아." "진짜, 완전 장타자네." 이런 식의 칭찬을 하면 '더 멀리 보내야지.' '래깅을 더 잘해야지.' 하다가 무너지기도 합니다. 그래서 과한 칭찬을 고급스러운 구찌라고 말하기도 하지만 아마추어 골퍼들끼리 하는 라운드에서 칭찬은 서로에 대한 관심의 표현이고, 서로에게 가깝게 다가갈 수 있는 첫 번째 계기입니다. 그렇다면 언제, 어떻게 칭찬을 해야 할까요?

티샷을 하고 세컨 지점으로 가면, 누구 볼이 가장 멀리 나갔는지 확인하게 됩니다. 그때, 가장 멀리 나간 볼이 본인의 볼임을 확인한 동반자가 "이 볼이 내 볼이네?" 합니다. 이 순간 그 동반자는 칭찬을 기다리고 있는 거죠. "와, 엄청 멀리 치네." 이런 칭찬이요. 아이언샷을 핀에 붙이고, 어프로치를 붙이고 동반자를 쳐다보는 그 표정, 칭찬을 기다리는 표정이죠. 골퍼라면 누구나 기다리는 칭찬이 있습니다. 그 순간, 칭찬을 아끼지 마십시오.

칭찬은 팩트가 기반이 되면 더욱 신뢰가 갑니다. 비거리를 칭찬할 때에도 거리측정기로 측정을 해서 "250미터 나갔네"라고 칭찬한다든지, "핸디캡 1번 홀에서 버디한 거네, 나이스!" "라운드한 지 열 번도 안 됐는데 이 스코어를 치다니 대단하네요!" 같이 근거를 둔, 팩트에 기반한 칭찬이 더욱 객관적인 신뢰를 줄 수 있습니다.

칭찬할 때, 특히 초보골퍼에게는 조금 더 관대할 필요가 있습니다. 초보골퍼들이 첫 라운드에 몇 개를 쳤다, 100타를 깼다 같은 자랑을 할 때에는 너그럽게 칭찬해주십시오. 속으로는 '제대로 타수 적으면 절대 그렇게 못 쳐'라고 생각하더라도 굳이 초보들의 기대와 희망을 꺾을 필요는 없으니까요.

"럭키!"를 너무 남발하는 것도 좋은 태도는 아닙니다. 사실 '럭키'나 '낫 배드'는 칭찬이라고 하기에는 조금 애매한 말입니다. 어프로치샷을 했는데 볼이 핀을 맞고 홀 주변에 붙었을 때, "나이스!"만 하면 될 것을 굳이 '안 맞았으면 한참 지나갔을 거 같은데' 같은 칭찬도 과히 기분 좋은 칭찬은 아닙니다.

상대편이 이글이나 홀인원, 버디를 했을 때, 롱퍼팅을 성공시켰을 때 주춤하거나 움찔하지 마십시오. 격하게 축하해주세요. 마음은 비록 '이번 홀 큰일 났네' '크게 맞았네'일지라도 그렇게 축하하다 보면 습관이 돼서 누군가를 칭찬하는 것이 자연스러워집니다. 선수들도 시합에서 홀인원을 하면, 같은 조에 있는 선수가 본인이 한 것처럼 좋아해주면 보기에 좋습니다.

가끔은 정말 좋았던 것을 소환해서 칭찬하는 것도 서로에게 좋은 기억을 다시 돌아보는 시간입니다. 제가 5, 6년 전쯤에 1, 2, 3, 4번 홀 버디를 한 적이 있습니다. 그때 동반자였던 형님이 지금도 가끔 그 얘기를 합니다. 물론 즐거운 분위기로요. 그늘집이나 식당에서 식사하면서 이전의 나이스플레이에 대해 다시 한 번 칭송(?)하는 것도 좋은 습관입니다.

골프는 팀을 이뤄서 하는 스포츠입니다. 그 팀이 다른 스포츠의 팀과는 다른 개념이긴 하지만요. 서로 경쟁하면서도 서로 동반하는 관계입니다. 이 관계에서 서로에게 관심을 가지는 것은 필수입니다. 관심을 가져야 좋은 것이 보이고, 좋은 것이 보여야 칭찬할 수 있습니다.

러시아 속담에 '칭찬은 큰 소리로 하고 비난은 작은 소리로 하라'라는 말이 있다고 합니다. 라운드에서도 마찬가지 아닐까요?

"나이스샷!, 굿샷!, 나이스 퍼팅!" 나이스와 굿이 연속되는 라운드가 나이스 라운드, 굿 라운드 아닐까요?

백스윙이 완전히 끝날 때까지는 다운스윙을 시작해서는 안 된다.
_바이런 넬슨

보이지 않아도 보인다

업계에 유명한 사람이 있습니다. 골프로 유명한 사람, 골프 중에서도 '알까기'로 유명합니다. 샷도 좋고 스코어도 좋은데, 그 사람의 골프 실력에 대해서는 이야기를 안 합니다. 알까기 이야기만으로도 충분하니까요. 누가 봐도 나간 볼인데, 가보면 "여기 있어" 하면서 볼 앞에서 다음 샷 준비를 하고 있습니다. 볼을 던지는 것을 봤다, 알까고 나서 원구를 찾았는데 원구가 아니라고 우겼다는 이야기도 있습니다.

모두가 다 아는데, 모두가 그 사람의 알까기를 이야기하는데, 정작 본인은 모릅니다. 마치 골프의 룰을 중시하는 원칙주의자 같은 태도를 보입니다. 비뚤어진 승부욕과 잘하고 싶은 욕망이

한 명의 골퍼를 이상한 괴물로 만든 것이죠.

골퍼라면 라운드를 하면서 수차례 달콤한 유혹과 만나게 됩니다. 나무 옆에 떨어진 볼을 조금만 옮겼으면 할 때가 있습니다. 오비 말뚝을 아주 조금 넘어선 볼을 살짝만 옮겨놓고 치고 싶은 유혹도 생깁니다. 그 유혹의 시작은 '나의 동반자가, 나의 경쟁자가 지금 나를 안 보고 있겠지'라는 착각에서 시작됩니다. 하지만 과거에 전과가 있는 골퍼거나 정직하지 않은 골퍼에겐 감시의 눈도 늘 따라 다닌다는 점을 잊어서는 안 됩니다. 멀리 있어도 벙커 턱 너머에 있어도, 다 보입니다.

누군가를 속이는 것이 아주 익숙해져서, 아무런 죄책감이나 양심의 가책이 없는 분들은 정말 아무렇지도 않겠죠. 하지만 유혹을 이겨내지 못하고 처음으로 동반자를 속이는 플레이를 했다면, 마음이 심히 불편할 것입니다. 그 불편한 마음을 반드시 기억하고 다시는 그런 플레이를 하지 말아야 합니다.

'속이는 사람'으로 합리적 혹은 강한 의심을 받게 되면, 일단 동반자가 그 사람과 플레이하기 매우 불편합니다. 언제 속일지 모르는 상황에 늘 대비하는 것이 얼마나 피곤하겠습니까?

'속이는 사람'으로 낙인이 찍히는 경우엔 실제 속이지 않았음에도 당연히 속이고 있다고 생각할 수 있습니다. '양치기 골퍼'가 되는 것이지요.

인간이 스스로의 절제와 매너로 지킬 것은 지켜야 하는 시간이 골프라운드입니다. 라운드에서 지켜야 할 약속을 지키지 못한다면 그 사람의 일상과 비즈니스는 어떻겠습니까? 과정은 오로지 결과를 위해서 존재한다는 생각에 법과 룰을 무시하거나 비상식적인 행동을 아무렇지도 않게 생각하지는 않을까요?

필 미켈슨은 일부 투어선수들은 마크에서 2~3인치 앞에 볼을 놓고 태연히 플레이를 한다고 말한 적이 있습니다.

우리나라의 어떤 골프 칼럼에서는 한국 프로선수들의 양심불량 사례들에 대해 다룬 적도 있습니다. 아마추어골퍼들 중엔 볼 앞에 마크를 하는 사람도 있다고 하지요. 이러다 보니 '지구상의 골퍼들이 하루에 볼을 슬쩍슬쩍 옮기는 거리가 태평양을 건너는 거리만큼 된다'라는 말이 나올 지경입니다

예전에 회사 선배가 인사의 중요성을 이야기하면서 이런 말을 한 적이 있습니다. "네가 그 사람을 봤다면 그 사람도 너를 봤을 것이다. 그러니 꼭 인사해라."

골프도 마찬가지입니다. "내가 동반자를 보고 속이려 한다면 동반자도 나를 볼 것이다. 보이지 않아도 다 보인다."

필드는
면접장

외모와 스펙만 보고 어떤 사람을 짐작할 수는 있지만, 정확하게 알 수는 없습니다. 그래서 회사에서 사람을 구할 때는 면접이라는 절차를 거칩니다. 하지만 몇 분 남짓의 면접만으로 그 사람을 다 알 수는 없습니다.

주변에 유난히 면접에 강한 사람들이 있습니다. 회사를 너무 쉽게 그만두는데, 소식을 물어보면 이미 새로운 회사에 다니고 있다고 합니다. 그러면 "아무튼 그 친구는 면접은 잘 보나봐"라고 이야기합니다. 저도 직원을 뽑아보면 면접에서 호감과 기대를 한없이 올려놓고 실제 입사 후 실망시키는 경우를 많이 봅니다. '능수능란한 면접 스킬에 또 속았구나' 하는 생각이 드는 순간입니다. 이 역시 너무 짧은 시간에 사람을 평가하려는 시도에서 일어나는 일입니다.

시간이 충분히 허락된다면, 저는 누군가를 회사에 모시고 싶을 때, 혹은 자녀의 미래 배우자를 만나게 될 때 함께 라운드를 하고 싶습니다. 그 사람이 골프를 한다면 말이죠.

라운드를 함께하면, 아무리 짧아도 4시간 정도를 같은 카트를 타고 같이 걸으며 나누는 대화를 통해 그 사람을 좀 더 잘 파악할 수 있지 않을까요? 실제로 제가 아는 어느 회사의 대주주는 임원들과의 라운드를 통해 대표감을 물색한다고 합니다. 아무리 연기하려고 하고 본인의 감정을 숨기려고 해도 순간순간 인간의 민낯이 드러나는 것이 골프입니다.

20년을 같이 살았는데, 라운드 도중 승부욕에 불타는 아내의 모습은 낯설기 그지없습니다. 이 시대의 마지막 선비님이라고 불렸던 팀장님이 샷이 안 된다고 성질을 내는 모습은 눈을 의심하게 합니다. 그것이 골프입니다.

저는 가끔 함께 라운드를 하는 동반자들에게 반전의 매력을 발견하곤 합니다. 평소 생활에서는 '좋은 게 좋은 거지' 하던 후배나 친구가 골프 규칙은 누구보다 엄격하게 스스로 지키는 모습을 볼 때 존경심이 들기도 합니다.

그 모습에서 책임감이 보입니다. 캐디가 더블보기로 스코어를 적었는데 트리플보기로 수정하는 모습을 보면, 이 사람은 본인의 잘못을 변명하거나 회피하려고 하지는 않겠다는 생각이 듭니다.

그렇습니다. 필드에서는 골프만 하는 것 같지만 동반자라는 이름으로 서로를 알아가기도 합니다.

골프는 동창이나 오랜 친구하고만 하는 것이 아닙니다. 오랜 친구하고 하는 라운드라면 '나 원래 이런 사람이잖아' 하고 이해를 구하겠지만, 골프를 오래 치고 인생을 살아갈수록 처음 보는 사람들과 라운드 할 기회가 많아집니다. 새롭게 관계를 맺으려는 순간이고, 어쩌면 미래의 비즈니스 파트너가 될지도 모르는 순간입니다.

첫 인사부터 헤어지는 마지막 인사까지, 필드는 세상에서 가장 솔직한 면접장입니다. 18홀의 라운드는 가장 효율적인 면접 시간입니다.

제가 많은 사람들과 골프를 하면서 느낀 점은 밖에서 매너 좋은 사람이 필드에서 매너가 안 좋을 수는 있지만, 필드에서 매너 좋은 사람이 밖에서 매너가 안 좋을 수는 없다는 것입니다.

라운드는 나의 샷만 보여주는 시간이 아닙니다.

내 안의 '나'를 보여주는 시간입니다.

엄격함과 관대함의 경계

골프 룰은 아버지와 같습니다. 엄격합니다. 물론 요즘 아버지들은 자상하고 친구 같아서 프렌디(friend+daddy)라고 불린다지만, 예전의 우리 아버지들은 엄부라고 부를 만큼 엄격하셨습니다. 적어도 어머니보다는 그러하셨습니다.

저는 골프를 좋아하는 아버지의 권유로 골프를 시작하게 됐습니다. '이런 재밌는 것이 있었다니!' 하면서 인생 첫 라운드를 했고, 몇 번의 라운드를 했습니다. 점수는 생각보다 잘 나왔고, 이대로라면 금방 100개가 아니라 90개도 깰 수 있겠다고 생각했습니다. 그즈음 아버지에게 한 통의 전화를 받았습니다. 같이 라운드를 하자고. 저는 아버지와의 첫 번째 라운드라는 의미보다 '또 필드 나가는구나'라는 막연한 기대에 기꺼이 아버지와 라운드를 했습니다.

우정힐스의 파3였습니다. 티샷이 물에 빠지고, 세 번째 샷이 그린을 훌쩍 넘어가고 뒤땅이 나고 소위 말하는 양파를 했습니다. 볼을 집으려는 순간, "양파가 어딨어? 골프에…." "끝까지 홀아웃 해." 결국, 저는 6오버 9타를 쳤습니다. 스코어도 그렇게 적었습니다. 요즘처럼 골프장이 경기진행에 신경을 쓰는 때라면 캐디는 속이 터지고 애가 탔겠지만, 그 당시엔 오히려 캐디의 응원을 받으며 마무리를 했습니다.

아마도 아버지는 제게 골프가 만만한 것이 아님을, 골프신동인 양 까부는 아들에게 골프의 냉혹한 현실을 보여주고 싶으셨겠죠. 그날 저는 머리 올리던 날보다 더 많은 타수를 기록했습니다. 그리고 아버지의 의도처럼 골프가 쉽지 않음을, 교만해서는 안 됨을 깨달았습니다.

라운드를 하다 보면 유난히 엄격한 팀이 있습니다. 분명 누군가가 컨시드를 줬음에도 다른 동반자가 "이건 컨시드 아니지"라고 정정하는 경우가 있습니다. "옆에 빼놓고 칠게." 그러면 "언플레이어블? 벌타 먹는 거야?"라고 답하는 팀입니다. 주로 내기를 하는 팀일 가능성이 높지만, 그렇지 않아도 룰을 엄격하게 적용하는 팀이 있습니다.

반대로 매우 관대한 팀이 있습니다. 우리는 이런 골프라운드를 '명랑골프'라고 부릅니다. 캐디에게 미안할 정도로 멀리건을 남발하고 볼을 이리저리 좋은 곳으로 옮겨놓기 일쑤고, 퍼터 한 개 이내도 아닌 깃대만큼만 붙여도 바로 컨시드를 주는 그런 팀이 있습니다.

룰을 지켜가면서 플레이를 하는 것이 골프의 당연한 미덕입니다. 하지만 골프는 스포츠지만 사람과 사람 사이의 관계이기 때문에 혼자만 룰을 잘 지키는 척, 엄격한 척해도 사람들 사이에서 혼자가 될 수 있습니다.

엄격함과 관대함의 경계. 물론 팀 분위기에 따라 다르겠죠. 중요한 것은 엄격함과 관대함의 대상입니다. 남에게만 엄격한 것은 아닐까? 같은 거리임에도 불구하고 나의 남은 거리는 컨시드 거리라고 생각하면서 남의 남은 거리는 무조건 홀아웃을 해야 하는 거리로 느끼고 있지는 않나요?

'나는 멀리건 좀 써도 되지'라고 생각하고, 스멀(스스로 멀리건)하면서 타인에게는 "멀리건!"이란 말이 입 밖으로 안 나오나요?

골프를 하면서 좋은 동반자가 되는 길은 의외로 간단합니다. '나에게는 엄격하게, 남에게는 관대하게.' 이것은 비단 필드 위에서만이 아닙니다. 사회에서도 가정에서도 마찬가지지요. 스스로에게 엄격하면서 타인에게 관대한 사람은 결국 리더십을 갖게 됩니다. 화를 많이 내는 사람, 지적만 하는 사람, 윽박지르는 사람은 누군가로부터 리더의 권한을 받아도 곧 리더십을 잃게 됩니다. 티박스에서, 그린에서, 페어웨이를 걸으면서, 한번 생각해 보십시오.

'나는 누구에게 엄격한가? 나인가? 남인가?'

비기너가 몸을 충분히 꼬지 않는 것은 몸을 꼴수록 볼에서 멀어진다는 공포심 때문이다._찰스 무어

나랑 다시 치고 싶어요?

아주 흔한 첫 데이트 이야기로 시작해보겠습니다. 남녀가 소개팅을 하거나 첫 데이트를 하고 헤어질 즈음 주로 남자가 "우리 다시 만나요"라고 다음 만남을 약속하려고 하죠. 물론 의례적인 대화일 수 있지만 이때 돌아오는 답으로 "나랑 다시 만나고 싶으세요?"가 있습니다.

골프도 그렇습니다. 라운드가 끝나고 그냥 하는 말로 "우리 언제 다시 치시죠"라고 이야기하는 경우가 있고, 그 마음이 간절하면 그 자리에서 다음 라운드 약속을 잡기도 하죠.

어떤 골퍼가 다음에 또 치고 싶은 골퍼일까요? 우리가 도시락이라고 칭하는 실제 실력보다 핸디캡을 좀 적게 놓고 치는 골퍼라면 어디든 환영받겠지요. 이렇게 돈 따기 쉬운, 만만한 골퍼를 이야기하는 것은 아닙니다.

제 경험으로는 지나치게 말이 많은 골퍼는 다시 치고 싶은 마음이 안 듭니다. 실제로 조인라운드를 해보면, 말 많은 사람이 한 명은 꼭 있습니다. 과묵한 사람도 한 명 정도 있고요. 라운드 내내 말하기를 쉬지 않는 골퍼가 있습니다.

그 사람이 없는 사이 나머지 동반자들끼리는 "아, 저 친구 정말 말 많지?"라고 뒷담화를 합니다.

본인이 샷을 하기 전부터 뭐라뭐라 떠듭니다. 샷이 끝나면 마치 중계방송하듯이 해설을 합니다. 캐디하고도 계속 떠듭니다. 한두 홀 지났는데도 농담을 계속하고 재미의 수위를 훌쩍 넘어섭니다. 다른 사람이 티샷하는데도 떠든다면, 그것은 매너의 문제이기도 합니다.

지나치게 잘난 척을 하는 골퍼도 다시 치고 싶지 않습니다. 본인의 실력을 샷으로 보여주지 않고 말로 뽐내는 사람입니다. 골프박사인 양 끊임없이 아는 척을 합니다. 어떤 경우엔 남들도 다 알고 있는 것을 본인만 아는 것처럼 잘난 척을 하기도 하죠.

잘난 척을 하다 보니 라운드 도중 순간순간 동반자를 무시하는 느낌이 듭니다. 굳이 말로 하지 않아도 '그걸 왜 모르니?' '그것도 못해!'가 보이는 거죠.

화를 잘 내는 골퍼 역시 다시는 필드에서 보고 싶지 않은 사람입니다. 샷을 하고 클럽을 던지거나 퍼팅이 안 들어갔을 때 퍼터를 부러뜨리는 시늉을 한다거나 하면요. 동반자들에게는 그 기억이 강렬하게 남습니다. '성질 부리는 사람' '화 잘 내는 사람'으로요. 아무리 성격의 문제라고 하더라도 이런 사람은 라운드에 동반하기 부담스럽습니다.

제가 아는 어느 형님은 미스샷을 하고 난 후 골프채를 연못에 집어 던졌다는 소문으로 유명했습니다. 그래서 저는 지레 겁을 먹고 그분과 라운드 기회가 여러 번 있었지만 요리조리 회피했습니다. 그러다가 라운드를 하게 됐는데, 전혀 그런 골퍼가 아니었습니다. 한마디로 소문이 부풀려져서 악명이 된 것이죠.

라운드 도중 어느 정도의 감정표현은 골프를 더 흥미롭게 하기도 하지만 과하면 동반자들을 떠나게 합니다.

농담과 유머는 적절히 섞으면서 말을 너무 많이 하지 않는다면, 말로 잘난 척하지 않고 샷으로 겸손한 자세를 보여준다면, 성질을 부리거나 화를 내지 않는 평화로운 골퍼라면 언제 어디서나 환영받을 것입니다.

누군가에게 "나랑 다시 치고 싶으세요?"라고 물었을 때 그 대답이 "네, 꼭 다시 치고 싶습니다"라는 대답이 나올 수 있도록 말입니다.

3장

골프를 쳐보면 사람이 보인다

"그가 어떤 사람인지를 아는 데는
한 번의 라운드로 충분하다."

인간성도
핸디처럼

전반 9홀을 잘 치는 경우가 있습니다. 전반처럼만 치면 라베를 할 기세입니다. 후반 몇 홀까지도 그 기세가 계속되다가 마지막 몇 홀에서 무너집니다. 마지막 홀에 '더블파만 안 하면 90타 깨는 거야.' '싱글 하는 거야.' 했는데 더블파를 합니다. 그때 이런 말을 합니다. "핸디는 바퀴벌레처럼 결국 나오게 돼 있어."

반대의 경우도 있습니다. 고수라고 소문난 사람이 전반에 보기플레이를 합니다. 동반자들은 생각하지요. '생각보다 잘 못 치는데?' 그런데 후반에 언더파를 쳐서 결국 70대를 칩니다. 이 역시 핸디가 나온 것이죠.

약 4시간의 라운드, 주말엔 5시간의 라운드를 하다 보면, 핸디처럼 인간성도 나옵니다. 처음 만난 순간에는 성격 좋아 보이는 웃음으로 서로에게 인사하지만 그 인상과는 다른 인간성을 필드에서 보여주는 사람이 있습니다.

제가 아는 형님은 원칙주의자입니다. 주말골퍼들끼리의 느슨한 룰이 아닌 시합 룰에 가까운 룰을 스스로에게 적용합니다. 그런데 그 모습이 경직돼 보이거나 까다로워 보이지 않습니다. 접대도 아니고 그럴 이유도 없는 관계에서도 원칙은 지키되 여유는 넘칩니다. 필드에 서 있는 모습을 보면 소나무처럼 변함없고 키 큰 학이 서 있는 듯 우아합니다. 로우싱글인 본인의 핸디캡처럼 인간성도 단연 싱글핸디캡입니다.

제가 만난 인간성 최악의 골퍼는 초보시절에 자주 함께했던 선배였습니다. 말도 안 되는 궤변과 불공평한 핸디로 1년도 안 된 저와 내기를 했고 돈도 많이 따갔습니다. 게임이 끝나고 돌려주는 적이 거의 없었고, 라운드가 끝나면 본인이 딴 돈으로 당시 오천 원이었던 청국장을 먹었죠.

가장 실망시켰던 일은 동반자들을 속이는 행동이었습니다. 5번 아이언을 쳐놓고 "6번도 조금 기네." 한다든지, 볼은 있는 그대로의 라이에서 쳐야 한다고 열변을 토하면서 동반자들이 안 본다고 생각하면 볼을 슬쩍 옮겨놓았습니다. 그린에서 마커를 볼 앞쪽에다 놓거나, 벙커에서 에그프라이인데 발자국이라면서 드롭하는 등 저는 여러 번 목격했습니다.

지금 생각하니 그때 왜 강력하게 항의하거나 말하지 않았는지 후회가 됩니다.

라운드를 하다 보면 본인의 플레이만 집중하면 되는 친선 게임만 하지는 않습니다. 어떤 경우엔 돈 내기를 하기도 하고, 식사 내기를 하기도 합니다. 돈이 걸리고 승부에 연연하다 보면 인간성이 적나라하게 나오게 돼 있습니다.

스코틀랜드 속담에 "이 사람이 어떤 사람인지를 알려면 3시간의 라운드만으로 충분하다"라는 말이 있습니다. 첫 티샷에서는 못 볼지 몰라도 홀을 거듭할수록 라운드가 끝나갈수록 인간성은 핸디가 스멀스멀 나오는 것처럼 드러납니다.

이 사람이 얼마나 이기적인 사람인지, 이 사람이 얼마나 무례한 사람인지, 얼마나 남을 배려하는 사려 깊은 사람인지, 얼마나 믿을 수 있는 사람인지 알 수 있습니다.

저는 골프를 하면서 참 많은 사람들을 만났습니다. 그중엔 다시는 보고 싶지 않은 사람도 있었지만, 골프라운드에서의 행동과 그 마음에 매료되어 계속해서 관계를 유지하고 좋아하는 사람도 많습니다.

샷을 잘하면 잘 치는 골퍼가 될 수 있겠지만, 인간성이 그렇지 못하다면 멋있는 골퍼가 될 수는 없습니다.

저도 제 자신에게 스스로 물어봅니다.

“내 인간성의 핸디는 몇인가?”

힘을 빼고 천천히 스윙하라. 볼은 결코 도망치지 않으니까._샘 스네드

내가 이런
사람이었구나

골프를 하다 보면 평소와 다른 동반자의 모습에 놀랍니다. 샌님 같던 친구에게서 강한 승부욕을 봅니다. 그저 유쾌하기만 한 줄 알았던 사람에게서 신중함을 봅니다. 그런데 더 놀라운 것은 나도 모르는 나를 발견한다는 것입니다. '내가 이런 사람이었나?' 하고 스스로 놀라게 되는 것이지요.

저는 어린 시절 아버지와 주변 어른한테 끈기와 인내가 부족하다는 소리를 많이 들었습니다. 그런데 골프를 시작하고 보니 '나에게 의외로 집요함과 끈기가 있구나' 하는 생각을 했습니다. 새벽 3시에 24시간 문을 여는 연습장에 가는 나, 몇십 년 만의 추위라는 영하의 날씨에도 실외연습장에서 볼을 치는 나, 그리고 그 시간이 20년 동안 계속되고 있는 것에서 의외의 내 모습을 발견한 것이지요.

내가 낙관적인지, 비관적인지도 필드에서 알게 됩니다. 티샷이 오비구역이나 페널티에어리어 쪽으로 갔을 때도 '살아 있을 거야' 하는 사람이 있고 '이건 백 퍼센트 죽었다'고 생각하는 사람이 있습니다. 같은 거리가 남았어도 '투 펏할 수 있겠네'와 '이건 무조건 쓰리 펏인데'는 전혀 다릅니다.

골프를 하다 보면 내가 얼마나 실용적인지 허세가 있는지도 알게 됩니다. 실용적인 사람은 긴 파3에서 드라이버를 잡는 것을 창피해하지 않습니다. 꼭 남들과 같거나 짧은 클럽을 잡을 필요는 없으니까요. 하지만 허세가 있는 골퍼는 이런 말을 많이 하죠. "이걸 아이언이 아니라 우드로 친다고?"

골프를 치면서 제가 상당히 공격적이라는 사실도 알게 됐습니다. 물론 지금은 그렇게 치지 않지만요. 무모하리만큼 핀만 보고 공략하는 사람, 장애물이나 산을 돌아가지 않고 넘기는 골퍼들, 그 플레이 속에는 나도 모르는 내가 있습니다.

정작 본인은 못 느낄지 모르지만, 스스로를 탓하는 사람인지 남을 탓하는지도 보입니다. 108가지 핑계가 있는 것이 골프라고 합니다. 캐디 탓부터 골프장 탓, 날씨 탓, 주변환경 탓, 동반자 탓, 이런 분은 아마도 직장에서도 사회에서도 본인의 잘못을 쉽게 인정하는 사람이 아닐 것입니다.

내가 얼마나 짠 사람인지 넉넉한 사람인지도 알 수 있습니다. 내기하고 개평을 줄 때, 동반자에게 컨시드 줄 때, 룰을 적용할 때, 내가 동반자에게 얼마나 관대한지 알게 되는 것이지요. 직장에서는 누구보다도 넉넉하고 여유 있는 사람이지만 골프장에만 오면 승부욕에 너그러움을 잃게 되는 경우도 종종 봅니다.

골프라는 스포츠는 그 어떤 스포츠보다 자율적인 스포츠입니다. 동반자가 마커 역할을 하지만 스스로 지켜가는 것이 기본인 스포츠입니다. 그러다 보니 18홀 동안 수많은 유혹이 생깁니다. 오비가 났음에도 알까기를 해서 볼이 살아있다고 외치는 것은 그중에 가장 큰 유혹이지만, 이외에도 '이 정도는 괜찮겠지'라고 혼자 생각하면서 하는 정직하지 못한 행동이 많습니다.

어느 골프 칼럼니스트는 '골프란 내 인간성이 얼마나 나쁜지를 증명하는 경기다'라는 이야기를 한 적이 있습니다.

저도 '동반자가 안 보는 거 같은데 나무 밑에서 살짝 옆에다 놓고 칠까'와 같은 유혹에 흔들린 나 자신을 발견하고 깜짝 놀라기도 합니다. 골프를 하지 않았다면 몰랐을 나, 골프를 몰랐다면 하지 않았을 행동입니다.

사회에서 매너도 좋고 존경받는 사람이 골프장에선 그렇지 못한 경우가 있습니다. 하지만 골프장에서 존경받는 사람은 반드시 사회에서도 존경받는다는 것이 제 생각입니다. 18홀이라는 작은 세상 안에, 4시간이라는 길지 않은 시간 안에 더 큰 세상이 있기 때문입니다.

퍼트라인 읽기는 항상 최초의 판단이 가장 정확하다. 그것을 수정하면 대개는 라인을 벗어난다._조지 덩컨

점수는 싱글,
인간성은 백돌이

지인 중에 알까기 명인이 있었습니다. 누가 봐도 오비마크 지나서 숲으로 들어갔는데 볼이 살아 있답니다. 분명히 연못 물이 튀는 것을 봤는데 연못 입구에 볼이 있답니다. 모든 동반자가 의심하고 있는데 정작 본인은 너스레를 떱니다. "평소에 착한 일 많이 해서 그런가 봐."

남들은 다 압니다. 그 사람의 한쪽 호주머니가 불룩한 이유를. 비상사태에 늘 대비하고 있다는 것을. 본인만 모릅니다. 뒤에서 수군거리는 것도 못 듣습니다. 술자리에서 본인이 안주거리가 되고 있다는 사실도 모릅니다. 이 정도면 단순히 매너의 문제가 아닌 인간성에 대한 문제가 됩니다.

아무도 얘기하지 못하고 있는데, 한 친구가 작정하고 그의 원구를 찾아내서 "이게 네가 친 거잖아. 오비잖아"라고 했다가 끝까지 발뺌하고 친구에게 욕까지 했다는 이야기를 들었습니다.

'골프장에서는 골프 잘하는 사람이 형님이고 선배다'라고 말하는 사람이 있습니다. 골프 스코어가 그 사람의 인생 스코어인 양 생각하는 것이지요. 과연 그럴까요? 앞에서 말한 알까기의 명인은 본인이 싱글이라고 이야기하고 다닙니다. 어떤 라운드에서는 남들을 속이지 않고 70대 스코어를 기록할 수도 있었겠지요. 하지만 본인의 스코어를 위해 정직하지 못하고 야비한 행동을 하는 골퍼라면, 저는 정직한 백돌이가 더 골프를 잘한다고 생각합니다.

왜 모를까요? 남들은 다 보는데 왜 본인만 모를까요?

골프클럽은 규정상 최대 14개를 캐디백에 두고 칠 수 있습니다. 가끔 15개나 16개를 갖고 다니는 사람이 있습니다. "클럽이 좀 많은 거 아냐?" "오늘만 시타 좀 해보려고 그래." 그런데 다음에도 똑같은 개수입니다. 클럽 한 개 더 넣고 오는 게 뭐 그렇게 잘못된 거냐고 할 수도 있지만, 시합 룰에서는 한 홀당 2벌타 최대 4벌타를 받는 명백한 룰 위반입니다.

공평하지 않고 남보다 유리한 조건으로 만들어 놓고 경쟁하려는 마음을 참아내고 흔들리지 않는 것이 로우핸디캐퍼의 자세입니다. 고수는 초보나 하수에게 모범을 보여야 하는 사람입니다. 멋진 샷만 보여주는 사람이 아닙니다. 골프에 대한 자세와 태도를 먼저 보여줘야 합니다.

좋은 직장에서 좋은 자리에 있다가 은퇴를 하면 가장 아쉬운 것이 골프라고 합니다. 자리가 좋다 보니 비즈니스 관계로 골프를 많이 했을 것이고, 특히 대기업의 임원들에게는 골프장 회원권도 주는 경우가 많으니까요. 좋은 자리에 있을 때는 그렇게 골프 하러 가자고 하더니 현직에서 떠나면 연락이 끊기기 시작하고 아무도 골프 하자는 연락을 하지 않게 됩니다. 특히 인간성이 안 좋았음에도 비즈니스 때문에 억지로 라운드를 했다고 생각하는 사람들이라면 더더욱 연락을 끊습니다. 상하관계, 갑을관계를 떠나 자연인 대 자연인으로 라운드를 한다면 굳이 인간성 안 좋은 사람과 라운드할 필요는 없겠지요.

주변에 골프는 참 잘하는데, 인간이 덜 된 사람이 있지는 않습니까? 단 1분도 같이 있고 싶지 않은 사람과 단 한마디도 하고 싶지 않은 사람과 같은 카트를 타고 같은 곳을 바라보며 4시간 넘게 시간을 보낸다는 것, 얼마나 곤혹스러운 일입니까? 그 사람이 아무리 싱글이고 밥을 잘 산다고 하더라도….

이런 동반자라면 동업도 하겠다

저는 처음 들어간 회사의 입사동기와 20년 넘게 동업하고 있습니다. 동업 경험이 있는 분들은 동업이 참 힘들다고 말합니다. 동업을 오래 할 수 있었던 이유 중에 첫 번째는 배려의 기술입니다. 내 입장이 아닌 동업자의 입장에서 생각하고 행동하는 것, 그래서 내 입장과 간극을 점차 좁혀가는 것이지요. 그러다 보면 동업인데 한 사람이 하는 것 같은 상태가 됩니다. 두 번째는 '스스로 기특하기'입니다. 각자 역할을 열심히 해서 '스스로 기특한 사람이 되자'라는 것이지요. 그렇게 되면, '내 덕분에 네가 먹고 살지'가 아니라 서로 '당신 덕분에, 동업자 덕분에'가 됩니다.

'오래 가는 회사는 사장님 덕분에 내가 생활할 수 있다고 생각하지만 곧 망할 회사는 나 때문에 저 인간, 사장이 먹고사는구나' 하고 생각한다고 합니다.

동업이 오래가기 위한 조건, 세 번째는 '서로에게 정직하기'입니다. 속인다는 것은 믿음을 저버린다는 뜻입니다. 서로에 대한 믿음이 없어진다면 함께 갈 수 없는 것이지요.

골프를 하다 보면 가끔 '이런 사람이라면 동업도 할 수 있겠다'는 생각이 드는 사람이 있습니다. 다른 사람의 시간을 생각해서 늘 일찍 오는 사람, 먼저 기다리는 사람, 샷을 할 때도 미리미리 준비하는 사람이지요. 내 플레이가 혹시 다른 사람의 플레이에 방해가 되지는 않는지 항상 생각하는 사람입니다. 벙커샷을 하고 모래를 원래 상태로 정리하는 것은 내 뒤에 벙커에 들어갈 누군가를 위한 배려입니다.

디봇이 생겼을 때 잔디를 가져다가 메우고 밟아주는 것도 누군가와 골프장을 위한 배려입니다.

캐디가 "안 치우셔도 돼요"라고 이야기해도 아무 말 없이 벙커를 정리하는 골퍼를 보면, 남에 대한 배려가 있는 사람이라는 것을 느끼고 그 사람을 다시 보게 됩니다. 누구인지도 모를 사람을 위해 저 정도 배려하는 사람이라면 같이 무언가를 도모해도 되겠다는 생각이 듭니다.

라운드를 하다 보면, 캐디에게 지나치게 의존해서 '캐디 없이는 아무 것도 못 하겠네'라는 생각이 드는 골퍼가 있습니다. 모든 것을 캐디에게 물어보고 캐디가 클럽을 가져다 줄 때까지 그 자리에서 한 발자국도 움직이지 않습니다. 이런 골퍼는 그린에서도 브레이크를 읽으려는 노력 없이 캐디의 말에만 의존하는 경우가 많습니다.

반대로 스스로 잘하는 골퍼들이 있습니다. 클럽을 3개나 가져가서 거리측정기로 거리를 측정하고 본인에게 맞는 클럽으로 샷을 합니다. 그린에서도 스스로 경사를 읽고 거리를 파악하고 퍼팅을 합니다. 이런 사람은 동업을 하더라도 본인의 역할과 책임을 소홀히 하지 않을 것 같습니다. 어떤 상황에서도 자기가 해야 할 일을 알고 실행에 옮길 것 같습니다.

동업의 조건 중에서 배려와 스스로 잘하기 만큼 중요한 것이 바로 정직함입니다. 동업이 깨지는 이유 중 가장 큰 이유가 굳게 믿었는데 속이는 것이겠죠. '돈 관계는 본인이 잘 몰라서 동업자에게 맡겼는데 회사 돈을 빼돌렸다' '어느 날 도망가고 없더라' 이런 이야기들이 대부분입니다.

골프라운드 18홀 동안 정직해야 하는 순간을 몇 번은 만납니다. 오비 푯말 안에 내 볼이 있는지 아닌지부터, 카트 위에 볼이 있거나 주변에 드롭이 가능한 장애물이 있는 경우에도, 그린이 두 개인 경우 어디에 드롭할 것인지 등등 많은 상황이 있습니다.

이런 순간에 어떤 골퍼는 아주 정직한 모습을 보입니다. 이런 정직한 모습이 몇 차례 쌓이면 내 머릿속에 데이터로 기억돼서 비슷한 상황이 돼도 믿고 신경 안 씁니다.

문제는 반대의 경우입니다. 카트길 위에 볼이 놓였는데 있는 힘껏 페어웨이에 볼을 던져 놓는다던지, '지주목이니까 드롭할게' 해놓고 평평한 곳을 찾아 드롭하고, 캐디가 스코어 물어보면 한 타씩 줄여서 말하는 것을 지켜보면 그 사람에 대해 가졌던 신뢰가 무너집니다.

동반자도 동업자도, 함께하는 사람입니다. 함께한다는 것은 좋은 일이지만, 서로에 대한 존중이 없는 '함께'는 오래가지 못합니다.

바로 지금,
네가 보여

어떤 사람을 판단하려면 시간이 필요합니다. 하지만 그 사람에 대한 확신이 들 때는 일순간입니다. 식당에서 일하는 분을 대하는 후배의 태도에 존경심을 가진 적이 있습니다. 담배꽁초를 끝까지 버리지 않고 들고 가는 친구를 다시 본 적이 있습니다. 아주 사소한 것들이 사람을 판단하고 평가하는 큰 기준이 되기도 합니다.

서로 알고는 있었지만 대화도 안 해본 친구의 친구와 라운드를 했습니다. 말투가 그리 상냥한 편이 아니어서 '좀 냉정한 타입인가' 하고 생각하던 중이었습니다. 카트를 타고 가는 중이었는데, "잠깐만!" 하면서 카트를 세웠습니다. 그러더니 카트도로 위에 있던 지렁이를 맨손으로 집어서 흙 있는 쪽으로 옮겨주는 것을 봤습니다. 그 행동 하나를 보고 '아, 이 친구가 섬세하고 생명을 사랑하는구나' 하고 느꼈습니다.

보통 라운드를 잡으면 단톡방을 개설하곤 합니다. 멤버 중 어떤 사람은 유난히 날씨에 민감한 사람이 있습니다. 비가 온다는 예보를 올리고, 위성사진도 올리고, 강수량에 대해 이야기합니다. 어떤 때는 이것들이 정보로 다가오지 않고 그 사람의 성격으로 느껴집니다. 걱정이 많은 것인지, 아니면 남을 걱정시키는 것이 습관인지 생각할 정도입니다.

클럽하우스에서 식사를 하다 보면, 누군가는 티오프 시간을 계산하면서 밥을 서둘러 먹고 누군가는 혼자 남아 느긋하게 식사를 합니다. 이제 나가야 한다는 동반자의 말에 "아직 15분이나 남았는데!"라고 항변합니다. 티오프 타임은 말 그대로 티를 오프하는 타임입니다. 한 사람의 늑장 때문에 다른 멤버들이 허둥댈 수도 있습니다.

필드에서 빈스윙을 하는데 사람을 향해 하는 골퍼가 가끔 있습니다. 어떤 경우엔 헤드가 지나가는 소리가 "휘이익~~" 하고 들릴 정도로 있는 힘을 다해 휘두릅니다. 그래서 제가 한번은 "왜 날 보고 휘두르는 거야?"라고 했더니 "설마 내가 놓치겠어?" 하더군요. 이 사람이 얼마나 자기중심적인 사람인지 알게 되는 순간이었습니다.

함께 골프를 치다 보면 '내 돈 내고 내가 치는 건데'라는 심보를 가진 사람이 있습니다. '내 돈 내고 치는 거니 좀 느긋하게 치면 어때'라는 마음이겠죠. '내 돈 내고 치는 건데 멀리건 좀 많이 쓰면 어때'라는 마음도 있고요.

골프는 같이 치는 동반자들만 배려해야 하는 운동이 아닙니다. 내 팀뿐만 아니라 앞 팀과 뒤 팀도 배려해야 하는 운동입니다. 캐디가 채근하는 것도 아닌데 "우리 좀 늦는 거 같아. 서두르자"라고 말하는 동반자라면 남을 위해 나를 양보할 줄 아는 사람입니다.

티샷을 한 후 티가 약간 부러진 채로 땅에 박혀 있는 것을 그대로 두고 티잉그라운드에서 내려오는 골퍼가 있습니다. 저는 속으로 생각합니다. '저게 그대로 있으면 누군가 뽑아야 할 텐데….' 물론 아주 작은 일입니다. 그런데 아주 작은 일들이 모여 큰일이 되는 것이 인생 아닙니까?

한두 홀이 아닙니다. 18홀입니다. 한두 시간이 아닙니다. 네다섯 시간입니다. 골프는 그 어떤 스포츠보다 오래 함께하는 운동입니다. 사소한 행동은 절대 사소하지 않습니다. 당신이 누구인지 보이는 결정적인 행동일 수 있습니다.

골프를 하다 보면 동반자의 품위 있는 행동에 속으로 감탄할 때가 있습니다. '이렇게 배려하는구나.' '이렇게 원만하게 넘어가는구나.' 감탄만 하지 맙시다. 배웁시다.

필드 안에서 매너를 배우고 다른 사람을 배려하는 마음을 배운다면, 필드 밖에서도 당연히 좋은 사람이 되지 않겠습니까?

가장 좋은 전략은 당신의 스윙을 믿는 것이다._로리 마이어스

나를
믿지 마세요

나는 나쁜 놈입니다.

나는 러프에 있는 볼을 축구하듯 발로 몰래 차서 좋은 라이로 옮긴 적이 있습니다. 그 볼은 생긴 것도 축구공처럼 생겨서 툭 차기 좋았습니다.

나는 발자국이 아닌데도 발자국이라며 벙커 안에 있는 볼을 옮긴 적이 있습니다.

나는 오비 푯말 밖인데도 아닌 척 샷을 한 적이 있습니다.

나는 트리플을 더블이라고 말한 적이 있습니다.

나는 친구의 오비에 속으로 만세삼창을 했습니다.

나는 동반자 앞에서 괜히 얼쩡거리면서 샷을 방해했습니다.

나는 이기기 위해 구찌를 무차별로 구사했습니다.

나는 헛스윙을 빈스윙인 척 했습니다.

나는 나쁜 골퍼입니다.

누구보다도 원칙적이고 룰과 규칙을 잘 지키는 '나'인데 골프 앞에는 정직하지 못한 '나', 쿨하지 못한 '나'가 됩니다. 골프장에서의 '나'를 믿지 마세요. 당신이 그런 사람이라서가 아니라 골프가 그렇게 만드는 것이니까요.

'명랑골프'라는 이야기를 많이 합니다. 과연 골프에서 '명랑골프'라는 것이 가능할까요? 입으로는 명랑할지 몰라도 마음속으로는 스스로 질책하고 경쟁하는 운동이 골프입니다. 타이거 우즈가 "나는 어제의 나를 이기려고 연습한다"라고 말한 것처럼, 입으로는 명랑골프라고 해도 이전보다 잘 치려는 치열한 마음은 말처럼 쉽게 없어지지는 않습니다.

골프는 매우 자율적이어서 마음 편한 레저 활동 같지만 골프처럼 경쟁적이고 승부욕을 자극하는 운동도 없습니다. 필 미켈슨이 퍼팅 그린에서 반대쪽으로 내려오는 볼을 멈추지도 않았는데 세게 쳐내는 장면을 본 적이 있을 것입니다.

럭비를 신사들의 불량스러운 경기라고 합니다. 저는 골프를 신사들의 가장 치열한 경기라고 생각합니다. 그렇게 보이지 않는 것일 뿐이죠.

평소에 느긋하고 여유 있는 '나'를 믿지 마세요. 필드에서 샷을 한 다음에는 달라지니까요. 평소에 담대하고 대범한 '나'를 믿지 마세요. 결정적인 샷 전에 심장이 몸밖으로 나올 것 같은 긴장한 '나'를 만날지 모릅니다. 아주 짧은 숏퍼팅에도 손이 알코올중독자처럼 떨리는 '나'를 만날지 모릅니다.

골프는 정직한 사람을 유혹합니다. 수시로 악마의 속삭임이 들립니다. '아무도 안 보잖아.' '5센티미터만 옮기면 오비 아니야' '디봇에 박힌 거 살짝 빼는 건데 뭐 어때?'

골프는 평화로운 사람을 유혹합니다. 또다시 악마의 속삭임이 들립니다. '네가 저 녀석보다 못한 게 뭔데.' '완전히 밟아버려!' '과정은 필요 없어, 수단과 방법을 다해 이겨버려!'

인간이기 때문에, 선수가 아니기 때문에 주말골퍼들은 그 유혹에 넘어갑니다. 그래서 결심이 필요합니다. 마음을 행동으로 옮기는 것을 반복하면 단단한 습관이 됩니다.

그 누구보다 착하게 살았던 나를 순간적으로 나쁜 사람으로 만들 수 있는 운동이 골프입니다. 평소 정직했던 나를 해저드 속으로 던져버리는 운동이 골프입니다. 하지만 이것 하나만 기억하십시오. '신사는 아무도 보지 않고 신경 쓰지 않는 곳에서 신사답게 행동해야 진짜 신사'라는 사실을.

캐디에게 하는 행동을 보아 하니

"그 사람 어때요?"라고 누군가에게 물어봅니다. 그러면 "별로야!"라고 하면서 "좀 그래. 강한 사람에게 약하고 약한 사람에게 강한 전형적인 스타일이야"라고 덧붙입니다. 이런 평가를 들으면 그 사람은 '일관성이 없는 사람이구나' 아니면 '좀 비겁하구나' 하는 생각이 듭니다.

동반자들에게는 더없이 살갑게 굴면서도 유독 캐디에게 막대하는 사람이 있습니다. 예전엔 캐디의 일이 서비스업에 가까웠지만 최근에는 전문직에 가까워지고 있습니다. 골퍼들도 캐디들에게 예전 같은 과한 친절이나 상하관계를 요구하거나 기대할 수 없는 분위기입니다.

지금 생각해보면, 예전엔 캐디를 대하는 골퍼들의 태도가 무례했고 말투나 행동도 아랫사람에게 하듯 했습니다. 캐디의 인권이 제대로 보호받지 못했습니다.

꽤 오래전의 일인데요. 겨울에 동남아로 골프를 치러 갔는데, 동반자가 현지 캐디를 울린 적이 있습니다. 말이 안 통하는 상황에서 캐디를 몰아세우며 심하게 혼을 내니 결국 캐디가 울음을 터트린 것이었죠. 캐디를 존중했다면, 도저히 일어날 수 없는 상황이었습니다.

골프장에 가면 캐디 평가함이라는 것이 있습니다. 골퍼들은 아주 특별한 경우를 제외하곤 대부분 '최우수' 칸에 표시한 후 평가함에 카드를 넣습니다. 하지만 평가와 상관없이 골퍼들끼리 그날 라운드를 함께한 캐디에 대해 이런저런 얘기를 합니다. 예전에 비해 최근의 캐디들은 후한 평가를 못 받는 것 같습니다. 시대가 바뀌었고 사람이 바뀌었으니 기대와 역할도 바뀌어야겠지요.

그럼에도 가끔 캐디를 대하는 동반자의 태도가 보기 거북할 때가 있습니다. 일단 반말입니다. 아니 반말도 아니고 존댓말도 아닌 애매한 말투지만, 분명 아랫사람 대하는 듯한 말투지요. 이런 말투는 식당에서 종업원에게 예의 없게 하는 말투와 다름없습니다. 요즘엔 많이 없어졌지만, 상황에 맞지 않는 이상한 농담을 건네고 혼자 낄낄 웃는 골퍼도 있습니다. 저는 '언니'라는 호칭도 적절치 않다고 생각합니다.

제가 아는 어느 분은 연세가 지긋한데도 꼭 캐디에게 존칭을 합니다. 캐디를 부를 때는 꼭 캐디님이라고 합니다. 그런 모습을 보면서 저 스스로를 돌아봅니다. '나도 저런 모습으로 캐디를 대해야겠구나' 하는 생각을 하게 됐습니다.

비단 말투와 태도만의 문제가 아닙니다. 골퍼들 중 정말 한 걸음도 움직이지 않고 모든 것을 캐디가 갖다 주고 준비해주기를 바라는 사람이 있습니다. 두 번째 샷을 할 때는 골퍼가 클럽을 챙겨갈 수 있고, 적어도 캐디가 골프클럽을 가져올 때 몇 걸음이라도 다가가서 클럽을 받을 수 있습니다. 이것은 단순히 캐디를 배려한다는 의미를 넘어 내 동반자에게 시간 여유를 주고, 앞 팀과 뒤 팀의 진행도 원활하게 하는 행동입니다.

대한민국은 참으로 친절한 나라입니다. 전자제품의 AS를 받고 나면, 전화로 직원의 업무수행도를 확인하는 나라입니다. 하지만 서비스라는 이름 아래 그 업무를 수행하는 사람들의 인권이 희생되어서는 안 됩니다. 이제는 '손님은 왕이다'라는 말도 시대에 뒤처진 말이 되었습니다.

사람을 차별해서 대하는 사람은 믿음이 가지 않습니다. '내가 힘이 있을 때와 힘이 떨어졌을 때, 나를 다르게 대하겠구나' 하는 의심이 생깁니다. 실제로 좋은 자리에 있다가 은퇴한 많은 사람들이 은퇴 후에 본인을 대하는 태도가 변한 사람들에게 서운해하고 허망한 감정을 느낍니다.

캐디에게 하는 행동을 보면 그 사람이 보입니다. 사람을 대하는 태도가 보입니다. 남에게 존중받는 사람은 남을 존중할 줄 아는 사람입니다.

골프에 나이는 없다. 몇 살에 시작하더라도 실력은 늘어난다._벤 호건

우리는 지금
몇 번 홀에 살고 있습니까?

골프는 18홀입니다

9홀까지 전반 홀

10홀부터 후반 홀

어떤 이는 전반 홀에 잘합니다.

어떤 이는 후반 홀에 강합니다.

당신은

어느 쪽입니까?

공부는 못했지만

직장에서 잘하는 사람

사표를 내고
사업에 성공하는 사람

후반 홀에
강한 사람들입니다.

전반 45개
후반 36개

전반엔 노 버디
후반엔 다 버디

역전극을 만드는 인생입니다.

80인생이라면
나는 지금 12번 홀 티샷을 하고 있겠네요.

100세 인생이라면
지금 10번 홀 그린에 있겠네요.

인생 전반을 보기플레이로 살았다면
인생 후반은 싱글플레이어로

지금까지 오버파였다면
지금부터 언더파로

살고 싶습니다.

그래서
훗날
인생 마지막 18번 홀에서

지난 18홀을 돌아보며
"인생 마지막까지 멋지게 돌았노라."

18홀을 마친 인생에게
"나이스 홀아웃!"
"굿 라운드!"
하고 싶습니다.

4장

골프라는…

“행복이란, 퍼터를 들고
긴 거리를 걷는 것이다.”

골프는 비즈니스다
_골프라는 비즈니스

사람마다 골프를 시작하는 계기는 다양합니다. 아버지에게 배워 골프를 시작하는 사람이 있고, 친구의 권유로 시작하는 사람이 있습니다. 골프 중계를 보다가 골프의 매력에 빠져 혼자 시작하는 사람도 있지요.

골프를 일로 시작하는 사람도 있습니다. 흔히 업무상 필요라고 말하는 이유입니다. 특히 영업 업무를 담당하는 사람들은 회사에서 골프를 강권하는 경우가 있습니다. 비즈니스 파트너와의 대화에서 아주 흔한 말이 “골프 하시죠? 언제 한번 나가시죠”이니까요.

골프가 소수를 위한 고급 취미였던 적이 있습니다. 제 기억에 아주 오래된 연애잡지나 여성지를 보면, 연예인 인터뷰에서 취미를 '골프'라고 적은 걸 본 적이 있습니다. 그때는 저도 '취미가 고상하네?'라고 생각했던 기억이 납니다.

지금은 어떻습니까? 그린피는 오르고 부킹도 어렵지만 젊은 골퍼들은 폭발적으로 늘고 있고, 골프가 더 이상 소수의 고급 취미는 아닌 시대가 되었습니다. 이제 비즈니스 골프는 접대의 가장 기본처럼 되어버렸습니다. 고객과의 저녁식사 정도로 일상적인 행사가 된 것이죠.

개인 사업을 하든 직장을 다니든 골프를 안 하고 견디기는 어려운 상황입니다. 골프가 본인의 스타일과 정말 안 맞는다고 하더라도 골프를 안 하면 대화에서 빠지게 되고 관계가 친밀해지는 기회도 포기해야 하는 게 현실입니다.

제가 기왕에 시작할 거라면, 아니 반드시 시작해야 하는 상황이 오기 때문에 하루라도 빨리 골프를 시작하라고 말하는 이유가 바로 이 때문입니다. 골프를 하는 사람끼리는 골프 이야기가 제일 재밌습니다. 골프를 하지 않는 사람이 중간에 끼어 있어도 골프 이야기는 멈출 수 없습니다. "니들은 맨날 골프 얘기냐? 나 있을 땐 안 하면 안 돼?"라는 대사 익숙하지 않습니까?

저라면 그 대화에 끼기 위해서라도 그날부터 골프를 시작하겠습니다.

물론 골프는 돈이 듭니다. 다행히도 우리는 전 세계에서 골프를 가장 사랑하는 나라에 태어났지만, 불행히도 골프가 가장 비싼 나라입니다. 하지만 직급이 올라갈수록, 나이가 들수록 골프 없이 사회적·인간적 관계를 이어가기는 쉽지 않습니다.

라운드를 하게 되면 참 긴 시간을 동반자와 함께하게 됩니다. 카풀로 골프장을 가고오는 시간과 라운드 끝나고 식사까지 함께하면 꽤 긴 시간이지요. 라운드 후 스크린골프로 연장하는 경우까지 생각한다면 최소 네다섯 시간에서 열 시간 이상 함께 시간을 보내게 됩니다. 일반적인 비즈니스 미팅이라면 저녁 겸 술자리를 하고 2차까지 간다고 하더라도 서너 시간이면 끝납니다. 그에 비하면 골프는 비즈니스 하기 얼마나 좋은 시간과 장소입니까?

직장생활도 마찬가지입니다. 골프를 정말 사랑하는 임원이 있습니다. 골프 사랑이 대단한 팀장이 있습니다. 그 밑에 있는 두 명의 차장 중에 한 명은 골프를 하고 한 명은 안 한다고 가정해봅니다. 골프를 안 하는 차장은 대화에서, 정보에서, 함께하는 시간에서 소외될 수밖에 없습니다.

스코틀랜드에서 시작한 골프는 클럽문화에서 시작했습니다. 운동장이자 사교장이었던 것입니다. 예전엔 일본식 표현으로 컨츄리구락부라고 했었고, 지금은 컨트리클럽이라고 명명하는 것도 이런 유래 때문입니다.

인간은 사회적 동물입니다. 혼자서 살기 힘든 동물입니다. 혼자 살기 싫어하는 동물입니다. 골프 없이 비즈니스에서 '인싸'가 되기는 어렵습니다. 골프는 내가 선택하는 것이 아니라 적절한 때 나를 선택하는 운동입니다.

골프 잘하는 사람은 여러 곳에서 환영을 받습니다. 골프 잘하면 비즈니스 관계, 조직에서의 상하관계에 무척 도움이 됩니다. 골프를 잘하면 여러 방면으로 능력을 발휘할 수 있는 세상입니다.

어차피 시작해야 할 골프라면 하루라도 빨리, 아니 한 시간이라도 빨리 시작하십시오.

접대골프의기술
_골프라는 접대

제가 아는 형님 중에 접대골프의 달인이 있습니다. 그 형님의 초대로 함께 라운드를 했는데, '아, 접대골프란 게 이런 것이구나' 하는 탄성이 절로 나왔습니다. 지금도 그 형님이 말씀하신 접대골프의 기술이 생각납니다. 저 역시 누군가를 모셔야 할 때 그 지도편달을 참고합니다.

평생 접대골프를 하지 않는 사람이 있고, 모든 골프가 접대골프인 사람도 있습니다. 단순히 사교골프가 아니고 비즈니스골프, 즉 접대골프라면 할 때 확실히 해야 한다고 생각합니다. 의외로 아주 작은 실수나 소홀함 때문에 접대가 뜻한 바를 못 이루고 마음만 상하는 경우도 있습니다. 갑님을 확실히 모시고 자연스럽게 비즈니스로 이어질 수 있는 접대골프의 기술을 살펴보겠습니다.

1. 티샷을 같은 방향으로 친다.

이쯤 되면 접대골프도 실력이 없으면 안 된다는 것을 알 수 있습니다. 제가 아는 원로께서 늘 말씀하신 지론입니다. 같은 방향으로 쳐서 나란히 걸어가야 분위기가 자연스러워지고 서로 친밀해질 수 있다. 단, 그분보다 조금 짧게 보내는 것이 좋다.

2. 멀리건의 명분을 만들어라.

접대받는 사람이 너무 과분하게 멀리건을 받는다 싶으면 부담스러울 수 있습니다. 갑 대 을이 아닌 골퍼 대 골퍼로 플레이를 하고 싶은 마음이 있을지도 모르니까요. 멀리건을 줄 때는 명분이 있어야 합니다. "첫 홀이니까 멀리건 하시죠." "제가 떠들어서 그랬습니다. 멀리건 하시죠." "후반 첫 홀이라 몸이 안 풀렸으니…" "너무 기다렸으니…" 멀리건의 명분을 적절하게 만드는 것도 기술입니다.

3. 퍼팅은 기술적으로 빼라.

갑님에게 게임에서 져야 한다면 가장 쉬운 방법이 퍼팅을 빼는 것입니다. 그렇다고 누가 봐도 쉬운 숏퍼팅을 빼면 갑님이 눈치 챕니다. 오히려 첫 퍼팅을 길게 혹은 짧게 해서 애매한 거리를 남기고 쓰리펏하는 것이 방법입니다.

4. 벙커에 넣는다.

접대의 달인 형님 말씀입니다. '어떤 벙커든 벙커에 넣으면, 파 이상 하는 것이 이상하지 않다'라고요. 내기에서 져줘야 하는 갑님이라면 벙커에다 넣어라. 이 역시도 웬만큼 실력이 있어야 가능한 것이긴 합니다.

5. 스코어를 관리해준다.

일파만파부터 스코어 관리는 시작됩니다. 벙커샷 잘하셨으니, 컨시드입니다. '오르막 퍼팅이니까 오케이입니다'처럼 갑님의 스코어를 관리해주는 것이지요. 라운드 전에 미리 캐디에게 저 분 중요한 분이니까, 스코어 좀 잘 적어주라고 미리 이야기하는 것도 좋은 방법입니다.

6. 그분 호주머니에서 돈이 나오지 않게 하라.

정말로 모셔야 하는 슈퍼 갑님인 경우엔 따로 게임 머니를 준비해 가기도 합니다. 처음부터 갑님은 이기고 들어가는 것이지요. 아예 문화상품권 같은 것을 수십 장 준비해서 홀 당 스킨처럼 나눠주는 것도 돈 냄새 안 풍기면서 우아하게 접대하는 방법입니다.

7. 골프장 선정을 잘한다.

그분의 집에서 가까운 곳에 부킹해야 합니다. 그분이 선호하는 골프장을 선정하면 좋습니다. 양잔디 싫어하면 한국잔디 골프장을 예약해야겠지요. 시간도 마찬가지입니다. 새벽라운드를 싫어하는 갑님에게 굳이 "새벽에 일찍 하시죠"라고 하는 것도 좋은 접대는 아닙니다. 라운드가 끝난 후 식사 메뉴도 각별히 신경 쓰는 게 좋습니다. 그분이 어떤 음식을 좋아하는지, 어떤 분위기를 좋아하는지 미리 알아두면 좋습니다.

8. 기분 좋을 때 부탁할 말을 슬쩍 꺼내라.

제 친구가 접대받는 라운드에 함께 간 적이 있는데요. 제 친구가 어려운 파4에서 기막힌 퍼팅으로 버디를 하고 파3 전에 그늘집에서 기다리고 있을 때였습니다. 그때 접대하는 분이 요즘 실적이 안 좋으니 도와달라고 슬쩍 말하더라고요. 서로 기분 좋은 상태에서요. 부탁할 멘트도 타이밍이 필요합니다.

어떻게 카풀로 모시러 갈지, 올 때도 갑님이 불편하지 않게 준비해야 하고요. 갑님이 자가운전인 경우엔 술을 드시게 하고 대리를 불러주는 것이 좋습니다. 물론 접대골프보다 친구끼리, 동창끼리, 갑을 없이 하는 골프가 재밌긴 재밌습니다. 하지만 분명한 것은 접대골프도 분명히 골프의 한 장르라는 사실입니다.

나쁜 경험이란 없다. 믿고 일어서는 사람에게 모든 것이 좋은 경험이다._박세리

아버지는 골프를 남겼다
_골프라는 유산

아버지는 내게 많은 것을 남겼습니다. 당신의 얼굴을 내 얼굴에 새겼고, 당신의 걸음걸이를 내게 전수했습니다. 어느 날 나의 말투에서 아버지가 보이고, 어느 날 나의 무심한 행동 속에 아버지가 보입니다.

그런 아버지는 내게 골프를 남겼습니다. 아마추어 테니스 고수였던 아버지를 따라 어렸을 때부터 테니스를 배웠습니다. 평생 테니스만 칠 것 같았던 아버지가 어느 날 골프를 시작했습니다. 그리고 곧 골프에 빠졌습니다. 하루에 두 번씩 연습장에 갔습니다. 밤새 골프 채널을 보았습니다. 골프채를 닦고 관리하는 모습이 익숙해지기 시작했습니다. 테니스 라켓을 들고 다니던 모습만 보았던 제게 그런 아버지의 모습이 낯설었지만, 아버지는 골프를 알게 된 후, 테니스장엔 발길을 뚝 끊었고 테니스 라켓은 거들떠보지도 않았습니다.

저는 안정적이고 좋은 회사를 그만두고 회사 동료들과 독립이라는 이름으로 구멍가게 같은 조그만 회사를 하고 있었습니다. 불확실한 미래 때문에 늘 쫓기듯 불안한 생활을 하고 있을 때였습니다. '무조건 열심히 하면 어떻게든 되겠지' 하는 단순무식한 의지만으로 몸을 벼랑 끝에 몰아세워놓고 스스로를 학대하던 시절이었지요. 건강할 리가 만무했습니다. 그런 아들이 걱정스러웠는지, 아버지는 제게 골프클럽 풀세트를 보냈습니다.

지금은 볼 수 없는 일본 브랜드였습니다. 샤프트는 검은색 그라파이트였습니다. 저는 그 클럽이 내게 온 날을 생생하게 기억합니다. 그리고 그 클럽의 쿨하고 무심한 듯한 첫인상을 잊을 수 없습니다.

아버지가 사준 골프클럽으로 인해 시작한 그 골프 덕분에 아버지와 대화하는 시간이 늘었습니다. 더 이상 정치적, 종교적 견해 차이로 논쟁인 듯, 신경전인 듯 불편한 대화는 할 필요가 없어졌습니다. 그 시간에 골프 이야기 하면 됐으니까요.

아버지는 아들과 사위와 셋이 골프 하는 것을 아주 좋아하셨습니다. 지금도 그 흐뭇한 표정과 들뜬 말투가 기억납니다. 저는 요새 가끔씩 후회하고 있습니다. 조금 더 아버지와 라운드를 자주 못한 것이, 아쉽다 못해 스스로에게 실망스럽습니다.

골프 역시 내리사랑입니다. 아버지가 내게 골프라는 시간을 건네주었듯이 저도 아들에게 골프를 전해줬습니다. 아들과 같이 골프 게임을 하고 연습장에 가고 라운드를 했습니다.

어쩌면 아버지도 내게 재밌는 골프만 전해준 것이 아니라 골프 안에 자리 잡은 인생의 가르침을 주신 것인지도 모릅니다.

아버지의 꿈은 아들과 아들의 아들과 함께 라운드를 하는 것이었습니다. 저 역시도 세 명의 강 씨가 함께하는 라운드를 꿈꿨습니다.

2016년 겨울이었습니다. 아버지께 말씀드렸습니다.

"여름에 ○○이(제 아들) 한국 오면 같이 라운드 해요."

"좋지, 너무 좋지!"

그리고 2017년 여름, 아버지는 세상을 떠났습니다.

계획했던 삼부자의 라운드을 실행에 옮기지 못한 채….

아버지께 못해드린 것, 잘못한 것, 아쉬움의 수는 셀 수 없이 많지만 아직도 세 명의 강 씨가 라운드를 하지 못한 것이 마음에 디봇처럼 남아 있습니다.

아버지는 내게 골프를 남겼습니다. 아버지 덕분에 골프를 좋아하게 됐고, 아버지 덕분에 이렇게 책을 쓰고 있습니다.

아버지가 살아계셨다면 당신의 아들이 골프 책을 썼다는 것에 한없이 자랑스러워했을 텐데요.

골프는 내게 아버지를 늘 그리워하게 만듭니다.

골프는 멋진 교훈을 주는 게임이다. 그 첫 번째는 자제, 즉 불운을 감수할 수 있는 미덕이다._프란시스 위멧

가족끼리 왜 이래?
_골프라는 가족

프로선수들의 인터뷰를 들어보면, 대부분 아버지 따라 연습장 갔다가 골프를 시작했다고 말합니다. 물론 아버지가 시키려고 데리고 간 경우도 많겠지만요. 주말골퍼들도 어릴 때 시작했던 분들은 골프 러버 아버지로 인해 골프를 시작하게 됩니다. 저도 그랬습니다. 여성은 남편 덕분에 시작하는 경우도 많이 있습니다. "그렇게 재밌는 거면, 나도 할래"라든지 "같이 하자"로 시작해 부부 골프단이 탄생하게 됩니다.

저는 가족끼리 한 팀을 짤 수 있으면 정말 좋겠다는 생각을 합니다. 부부와 자녀 아니면 아들과 며느리가 마치 명절 때 윷놀이를 하듯이 즐겁게 게임을 할 수 있겠죠. 팀 매치도 가능하고요.

부녀 대 모자, 부자 대 모녀 등으로 팀을 바꿔가면서 설거지하기 같은 소소한 내기라도 하면 재밌을 것 같습니다.

이런 그림을 상상해보세요. 해가 지기 시작할 무렵, 아빠와 딸이 나란히, 엄마와 아들이 나란히 같은 곳을 보며 잔디 위를 걷는 뒷모습이요. 가족끼리 골프를 하면 이야기 할 거리가 생깁니다. 자식들이 커가면서 부모 자식 간의 대화가 점점 줄어듭니다. 이번에 부모님 만나면 말 좀 많이 해야겠다고 생각해도 정작 그렇게 하지 못합니다. 점점 공통의 관심사가 달라지기 때문입니다. 이럴 때 가족이 골프를 하면 골프 채널을 같이 볼 수도 있고, 선수들에 대해, 골프 장비에 대해, 골프 옷에 대해 이야기할 수 있으니 대화할 거리가 늘어납니다.

가족이 골프를 함께하면 선물이나 이벤트하기 좋습니다. 골프채를 비롯해서 골프 용품들이 얼마나 많습니까? 생일, 기념일에 드라이버를 바꿔준다든지, 골프백에서 옷, 신발까지 선물할 것들이 많습니다. 회원권을 선물했다는 부러운 이야기를 들은 적도 있습니다. 기념일 이벤트로 온가족이 라운드를 하는 것도 좋습니다. 환갑 기념 제주도 라운드, 결혼 30주년 기념 일본 라운드, 이런 것도 참 기념할 만한 이벤트가 될 것입니다.

가족이 골프를 하면 함께 골프여행을 가기도 좋습니다. 서로 시간 맞추고 소통하기도 편하고 준비도 용이할 수 있습니다. 저도 예전에 해외여행 가면, 혼자 골프장 가서 조인하곤 했었는데, 가족이 골프를 하면 아예 골프만을 위한 여행을 계획할 수 있는 것이지요.

아버지로부터 혹은 엄마로부터 골프클럽을 물려받은 사람들이 있습니다. 제 친구도 아버지에게 물려받은 아이언을 쓰는 친구가 있습니다. 아버지의 시계를 물려받아 차고 다니듯, 아버지의 스토리가 담긴 클래식 클럽을 물려받기도 합니다. 체격이 비슷하고 발 사이즈가 비슷하다면 옷과 신발도 물려받거나 공유할 수 있습니다.

가족끼리 골프를 하면 좋은 점이 많습니다. 하지만 가끔은 가족끼리 골프 하면서 서로에게 심하게 빈정 상하는 경우도 있습니다. 이를테면 다른 라운드에서는 안 그런데 유독 아내와의 라운드나 자식과의 라운드에서 엄격하고 원칙적인 아빠가 있을 수 있습니다. 물론 골프를 제대로 가르쳐주려는 마음에서 출발한 행동이지만, 룰에 대한 엄격함, 스코어나 기타 에티켓에 대한 과한 참견과 지침들이 가족인 동반자를 힘들게 하기도 합니다. 미국 여자골프에 진출한 한국 선수들의 아버지, 즉 골프 대디들의 극성과 엄격함이 한때 화제가 된 적도 있었습니다.

연습장에 가보면 부부가 나란히 옆 타석에서 연습하는 경우가 있습니다. 이때 남편이, 가끔은 아내가 배우자의 스윙에 대해

지나치게 코칭을 합니다. 어떤 분들은 목소리가 거슬릴 정도로 큰 소리로 레슨을 하기도 합니다. 그러다가 상대편에게 짜증을 내기도 하고 마치 운전 가르치다가 삐지고 싸우는 것 같은 상황에 다다릅니다. 제 생각에 부부끼리는, 가족끼리는 서로의 스윙을 간섭하는 것이 좋지 않다고 생각합니다. 가까운 사이일수록 지킬 것은 지키자는 생각입니다. 아내와 아들, 딸의 스윙은 선생님에게 맡기십시오.

필드 위의 가족, 보기도 좋고 마음도 좋습니다.

필드는 가족의 스토리를, 메모리를 만들기에 가장 좋은 곳입니다.

사람에게 이기려면 게임으로 이기려 해서는 안 된다. 연습과 노력으로 이겨야 한다._벤 호건

우정에 금 가는 골프
_골프라는 우정

골프는 새로운 관계를 만듭니다. 소원한 관계를 좋은 관계로 만듭니다. 하지만 좋았던 관계가 골프 때문에 안 좋아지는 경우가 더러 있습니다.

친한 친구 사이나 선후배 사이 우정에 금이 가기도 합니다. 라운드 도중 서로 삐지거나 빈정 상하는 경우도 자주 있습니다. 어떤 상황이 있을까요?

1. 컨시드, 나는 잘 줬는데 너는 왜?

라운드 중 가장 예민한 부분이 '컨시드'입니다. 그래서 매치플레이에서는 그 예민함을 이용해서 컨시드를 줄 때 안 주기도 하면서 경기를 운영합니다. 주말골퍼들끼리는 '그립을 뺀 퍼터길이, 혹은 퍼터길이는 컨시드다'라고 미리 정해놔도 그 기준이 애매합니다. '분명히 이 거리는 내가 저 녀석에게 컨시드를 준 거리인데 아무 말이 없네…' 이럴 때 우리는 빈정 상합니다. 삐집니다.

2. 개평, 나는 잘 줬는데 너는 왜?

골퍼들은 큰 내기는 아니더라도 가볍게 라운드 중 내기를 합니다. 이때 돈을 딴 동반자가 개평을 안 주거나 아니면 정말 코딱지만큼 주면서 생색을 내기도 합니다. 그러면 속으로 '이거 봐라, 지난번에 내가 돈 땄을 때는 거의 다 돌려줬는데…' 이렇게 되면 마음이 상하게 됩니다.

3. 더블이라니까! 트리플이라니까!(스코어 논쟁)

제가 골프를 시작한 지 1년도 채 안 되었을 때입니다. 그린에 올라오면서 한 친구의 온이 몇 온인지에 대해 논쟁이 붙었고, 결국 멱살 잡기 직전까지 간 적이 있습니다. 당사자는 스코어를 줄이려고 하고 동반자는 늘이려고 할 때 생기는 다툼. 누가 맞든 틀리게 말한 사람은 무안하고 심지어 정직해 보이지 않는다고 할까요? 결국 마음에 남게 되고 속이 상할 수밖에 없습니다.

4. 나? 멀리건? 또? 멀리건?

스멀이라고 하죠. 스스로 멀리건. 한국은 티오프 간격이라는 것이 있어서 멀리건을 후하게 쓸 수 없으니, '누구는 전후반 하나씩 쓰고 나는 안 썼는데…' 하는 불공평한 멀리건에 대해 서로 감정이 상할 수 있습니다. 멀리건을 세 개나 써놓고 멀리건을 안 쓴 나보다 한 타 이겼다고 뽐내며 약 올린다고 생각해보십시오. 속으로 얼마나 화가 치밀어 오르겠습니까.

5. 나한테만 관대한 룰, 남한테는 엄격한 룰.

룰 때문에도 많이 티격태격 합니다. 드롭을 좀 심하게 하는 경우, "그건 아니지." 이러다가 "너도 아까 그랬잖어." 이러면서 서로 마음이 상하는 것이죠. 동반자의 볼이 깊은 러프에 박혀서 '이건 좀 치기 어렵겠구나' 하고 생각하고 있는데, 쓱 옆으로 옮겨놓는 것을 봤을 때도 속이 상합니다. 특히 본인에게는 관대하고 남한테는 엄격한 사람이 있으면 반드시 문제가 생깁니다.

6. 구찌

말 방해, 적당한 구찌는 서로의 승부욕을 발동시키고 긴장감을 주면서 재미를 줄 수 있습니다. 하지만 가끔 선을 넘는 구찌라고 할까요? 대놓고 "시원하게 오비 한 방 부탁해!" 이랬다가 실제 오비가 나면 플레이어는 '저놈 때문이야'라고 생각하게 되고 심하게 기분이 상하게 됩니다.

7. 누구 차로? 어느 골프장?

친한 사람끼리 라운드를 할 때 유난히 운전을 안 하려고 하는 친구가 있습니다. 그렇다고 밥을 사는 것도 아니면서 편하게만 가려는 친구 역시 우정에 금 갈 수 있는 요주의 인물입니다. 골프장 선정도 본인 집에서 가깝거나 본인이 잘 치는 골프장만 잡는 친구도 마음을 상하게 만듭니다.

골프하다가 누구누구는 의절했다는 이야기를 들었습니다. 단 한 번의 라운드 후에 '저 친구랑은 다시 치지 말아야지'라고 굳게 결심한 적이 있습니다. 조금만 자신을 내려놓으면, 조금만 입장 바꿔 생각하면 그럴 일이 없을 텐데 말이죠.

우리, 골프처럼 재밌는 운동하면서 서로 배려하고 인내하면서 오래오래 함께 즐기기로 해요. 사소한 일에 마음 상하지 말고….

연애에도 나이스 어프로치가 필요하다_골프라는 연애

굴릴 것인가?
띄울 것인가?

당신의 마음에게 가는 길

뒤땅이 나면 반도 못 가요.
탑볼이 나면 지나쳐버려요.

어떻게
여기까지 왔는데
좁은 그 심장의 페어웨이를 지나
밀당의 물을 넘기고
감정이 비탈진 언덕에서

회심의 샷!

조금 모자랐어요.

하지만

나에겐 어프로치가 있잖아요.

홀은

당신의 마음

핀은

당신의 손짓

당신의

나를 향한 마음이

오르막인지

내리막인지

오른쪽

왼쪽

직진인지
잘 살펴볼게요.

그래서
당신의 마음에게
가깝게 붙여볼게요.

말해주세요.
"나이스 어프로치"

말해주세요.
"오케이 드릴게요."

5장

이런저런 법, 법, 법

"골프를 하면서 좋은 사람도
많이 만났지만,
좋은 사람 또한 많이 잃었다."

내기에서 지지 않는 법
_이런 사람과 내기하지 마세요

골프 내기에서 절대 지지 않는 법의 첫 번째는 나보다 강한 사람과 내기를 하지 않는 것입니다. 그런데 처음 보거나 한 번만 보고는 이 사람이 얼마나 '꾼'인지 알 수가 없습니다. 이를 판단할 수 있는 몇 가지 팁이 있습니다.

1. 2번이나 3번 아이언을 갖고 다니는 사람: 보통 실력으로는 칠 수 없는 롱아이언이 골프백에 있다면 고수임이 분명합니다.

2. 웨지가 4개 이상인 사람: 심지어 피칭웨지 포함 웨지가 5개인 사람도 있습니다. 그만큼 숏게임에 집중하는 사람이니, 스코어 내기 도사급인 것이지요. 특히 다루기 힘든 60도나 64도가

있는 사람은 경계해야 합니다.

3. 얼굴과 몸 색깔이 다른 사람: 필드를 얼마나 많이 다녔으면 그렇겠습니까? 옷을 입은 곳과 안 입은 곳의 피부색 차이가 극명한 골퍼는 요주의 인물입니다.

4. 그린 경사를 오래 보는 사람: 인내력과 집중력이 있는 골퍼, 특히 퍼팅에 신경을 많이 쓰는 골퍼는 내기에 강합니다.

5. 볼을 잘 보고, 잘 찾는 사람: 볼을 잘 보고, 볼의 방향을 잘 예측하는 사람은 분명 고수이고, 본인의 볼을 잘 보낼 줄 아는 사람입니다.

6. 골프 돈지갑(파우치)이 따로 있는 사람: 내기에 단련돼 있는 사람입니다. 조심하십시오.

반대로 쉽게 흥분하는 사람, 볼을 잘 못 찾는 사람, 비거리만 욕심내는 사람, 벙커샷에 약한 사람, 돈을 잘 흘리는 사람과는 내기를 해도 돈 잃을 일이 별로 없을 것입니다.

두 번째는 '핸디(핸디캡)를 짜게 놔라'입니다.

당구도 물 300이 있고 짠 300이 있습니다. 골프 핸디도 짠 핸디와 물 핸디가 있습니다. 아무리 봐도 핸디 15정도인데 악착같이 보기플레이어라며 18을 유지하는 사람이 있습니다. 잘 봐줘도 90대 중반인데 허세인지, 자존심인지 18개를 놓는 사람이 있습니다. 두 사람의 승부는 핸디를 말하는 순간, 이미 끝난 것입니다. 일파만파, 후한 컨시드, 캐디의 관대한 스코어 적기 등을 감안해서 본인의 핸디를 정확히 아십시오.

세 번째는 '본인에게 유리한 게임을 하라' 입니다.

게임의 종류는 많습니다. 타당 스트로크, 조폭을 비롯한 여러 변형된 스킨스, 뽑기, 팀플 등이죠. 스코어카드를 보면, 본인이 어떤 게임에 유리한지 알 수 있습니다. 파를 많이 하는 안정적인 스타일은 타당 스트로크가 유리하지만 스코어 기복이 심한 사람은 스킨스가 낫습니다. 후반에 강한 골퍼라면 후반으로 갈수록 배판, 배배판을 부르는 것이 유리합니다. 민폐 끼치는 것을 싫어하는 골퍼는 팀플레이보다는 개인전이 좋고요. 스코어카드를 보면 내게 어떤 게임이 유리한지 보입니다.

네 번째는 '숏게임, 특히 퍼팅을 잘해라' 입니다.

이건 전략이라기보다 기술적인 문제인데요. 내기에서는, 특히 어느 정도 수준에 올라간 골퍼들끼리의 내기에서는 롱게임보다는 숏게임에서 승부가 납니다. 파온해서 버디 찬스 맞았지만 파한 사람이나, 그린 주변 어프로치로 파한 사람이나 같은 것이지요. 특히 내기에서는 숏펏을 안 놓치는 사람이 이길 수밖에 없습니다. 그래서 라운드의 첫 번째 숏펏은 반드시 성공시켜야 합니다. 첫 번째 성공이 계속 성공으로 이어질 가능성이 높으니까요.

다섯 번째는 '고도의 심리전과 고급스러운 구찌' 입니다.

'컨시드'를 상대방이 기대할 때 안 주는 심리전을 한다든지, 버디나 어려운 파를 했을 때 세리머니를 좀 과하게 한다든지, 상대편에게 엄격하게 룰을 적용하면서 심기를 건드린다든지, 평소보다 루틴을 길게 해서 상대편을 거슬리게 한다든지 하는 것도 심리전의 일종입니다.

구찌 중에 최고의 구찌는 상대방에 대한 칭찬입니다. 특히 비거리 칭찬은 상대방의 몸에 힘을 잔뜩 불어넣어줍니다. 힘이 들어가면 당연히 실수가 나옵니다. 1번 홀에서 연습스윙하는데 "너는 백스윙 할 때 숨을 멈춰, 들이쉬어, 내쉬어?" 하면, 계속 '내가 숨을 어떻게 쉬지?' 하면서 말린다고 하는 얘기도 있습니다.

골프도 당구처럼 고수에게 상대적으로 유리한 게임입니다. 그래서 고수와의 내기에서는 돈을 딴다는 생각보다는 피해를 최소화하려는, 잃지 않으려는 전략이 필요합니다. 고수와의 게임일수록 확률이 떨어진다고 나보다 하수하고만 칠 수는 없지 않습니까?

지금의 고수도 예전에는 하수였고
지금의 하수도 언젠가는 고수가 될 테니까요.

같은 스코어라도
잘 쳐 보이는 법

골프는 점수 경기입니다. 스코어를 줄이는 게임입니다. 선수들의 시합에서는 한 타에 우승이 결정되기도 하고, 순위에 따라 수많은 상금이 오가기도 합니다. 주말골퍼들끼리의 게임에서도 한 타 차이로 '이겼네, 졌네' 합니다. 선수들과는 달리 주말골퍼들끼리는 핸디도 정확하지 않고 서로의 전적을 기록해 놓는 것도 아니어서 과연 누가 더 잘 치는지 애매한 경우가 있습니다. '내가 저 선배보다는 낫겠지' '내가 저 친구는 이기지'라고 서로 오해할 수도 있습니다.

그런데 같은 90개를 쳐도 더 잘 쳐 보이는 사람이 있습니다. 싱글플레이어라서 스코어는 좋은데도 옆에서 보면, 잘 친다는 느낌이 없는 경우도 있습니다. 왜 그럴까요? 몇 가지 이유가 있습니다. 첫 번째는 스윙 폼입니다. '남자는 거리다. 여자는 폼이다' 이런 이야기도 있지만, 남녀를 불문하고 스윙 폼이 좋은 사람이 잘 쳐 보입니다. "폼은 완전 선수야." 아마추어에게 이 이상의 칭찬은 없습니다. 특히 피니시를 끝까지 잡고 있는 주말골퍼는 드무니까요. 트러블샷을 잘하는 사람도 스코어보다 잘 쳐 보입니다. 절묘한 벙커샷으로 벙커세이브를 하면 주말골퍼 세계에서는 극도의 칭송을 받을 수 있습니다. 언덕에서 쳐서 파온을 한다든지, 어려운 라이에서 어프로치샷을 해서 파세이브를 하는 골퍼도 스코어보다 잘 쳐 보이는 골퍼입니다.

잘 쳐 보이는 골퍼는 프리샷루틴이 깔끔합니다. 그리고 18홀 동안 늘 같은 과정과 동작을 반복합니다. 초밥 장인의 밥알 수가 일정한 것처럼 시간을 재보면 아마 일정할 것입니다. 늘 일관되고 안정적인 프리샷루틴을 하는 골퍼 역시 실제 핸디에 비해 잘 쳐 보이는 골퍼라고 할 수 있습니다.

'플레이는 빠르게, 스윙은 여유 있게.' 이런 골퍼 역시 잘 쳐 보입니다. 빈스윙을 과하게 많이 하고 셋업 상태에서 동상처럼 움직이지 않고 있으면, 스코어에 비해 잘 못 쳐 보일 수도 있습니다. 주말골퍼답게 선수들에 비해 좀 천천히 여유롭게 스윙을 한다면 보기에도 참 좋습니다.

룰을 잘 지키는 골퍼도 잘 쳐 보입니다. 남들이 그냥 옆에 빼놓고 치라고 해도 볼을 움직이지 않고 있는 그대로의 라이에서 볼을 치고 이를 극복한다면 내공이 있어 보입니다. 반대로 티잉 그라운드에서 어드레스를 하는데 늘 배꼽이 나온다든지(티박스 선 앞으로 넘어가서 어드레스를 취하는 일), 드롭을 본인에게 지나치게 유리하게 임의로 하는 골퍼는 실제 스코어에 비해 하수처럼 느껴질 수 있습니다.

같은 스코어를 기록해도 스스로를 지나치게 자책하거나, 매 샷마다 핑계를 대는 골퍼 역시 아무리 좋은 스코어를 기록해도 고수처럼 보이지 않습니다. "봐, 왼쪽 아니잖아. 오른쪽이잖아. 내 말이 맞았네" 하면서 그린에서 캐디 탓을 하는 골퍼 역시 마찬가지입니다. 샷 한 번 실수해놓고 비명이 난무하거나, 심지어 욕까지 한다면, 이 역시 고수로 보이지 않습니다.

잘 쳐 보이려면 반드시 필요한 것이 '혼자서도 잘해요'입니다. 캐디에게 질문이 너무 많으면 아무래도 하수처럼 보입니다. 거리측정기로 미리 거리를 파악하고 스스로 클럽을 들고 나가고 그린에서 브레이크도 아주 간단한 조언만 구한 채 혼자 힘으로 판단할 때 그 골퍼가 잘 쳐 보입니다.

마지막은 의상입니다. 스포츠 룩이 있고, 패션 룩이 있습니다. 집 앞에 마실 나온 것 같은 일상 룩도 있고요. 너무 산책 나온 느낌의 패션보다는 스포츠 느낌을 주는 의상이 확실히 스윙까지 좋아 보입니다.

골프는 스코어가 전부는 아닙니다. 매너가 좋으면 스코어보다 잘 쳐 보입니다. 스스로에게 엄격하고 타인에게 관대한 골퍼는 스코어보다 잘 치는 것처럼 보입니다. 한번 생각해봅시다.

'나는 스코어보다 잘 쳐 보일까? 스코어보다 못 쳐 보일까?'

여러 가지 해저드 중에서도 가장 최악의 해저드는 두려움이다.
_샘 스미스

전반과 후반
스코어 차이를 줄이는 법

'잉꼬 상' '나이아가라 상'에 대해 들어보았나요?

동호회나 골프모임에서 전반과 후반의 타수 차이가 적거나 같으면 잉꼬 상, 차이가 많이 나면, 나이아가라 폭포처럼 뚝 떨어지는 차이라고 나이아가라 상을 만들어 놓곤 합니다. 골퍼 중에는 전반에 강한 사람이 있고, 슬로우 스타터로 후반에 강한 사람이 있습니다. 강한 홀은 그대로 두고 '약한 전반 혹은 약한 후반만 보완하면, 18홀 스코어가 더 좋아질 텐데'라고 생각하겠지요. 어떻게 하면 이 차이를 극복할 수 있을까요?

일단 '나는 전후반 스코어 차이가 많이 나…' 이것이 느낌적인 느낌인지, 아니면 실제로 그런지 먼저 파악할 필요가 있습니다.

최근 10회, 적어도 최근 5회의 스코어카드를 보고 평균값을 내보면, 전반 평균과 후반 평균의 차이를 볼 수 있습니다. 물론 첫 홀의 '올파' '일파만파'는 기억을 다시 떠올려서 정확하게 수정해야 합니다. 그렇게 통계를 냈을 때 한두 타 정도라면, 그것이 본인의 골프 스타일이라고 할 수 있고, 골프장 난이도의 영향일 수 있습니다. 하지만 3타 이상 차이가 난다면, 이것은 분명히 전후반 컨디션 조절을 잘 못하고 있다는 증거입니다.

저도 예전엔 전반이 후반보다 많이 약한 골퍼였습니다. 이유는 '준비'가 덜 돼서 그랬던 것입니다. 몸이 덜 풀리면 퍼팅 역시 처음부터 감을 찾기가 어려운 것이니까요. 전반이 약한 골퍼는 무조건 골프장에 일찍 가거나 연습장에 들러서 볼을 치고 들어가야 합니다. 연습 퍼팅 그린에서도 최소 10분 이상 퍼팅을 해보면 달라집니다. 연습장에 못 가면 집에서라도 빈스윙을 많이 하고 충분히 몸을 풀어야 합니다.

후반이 약한 골퍼는 일단 체력을 의심해볼 필요가 있습니다. 너무 덥거나 추울 때는 더하겠죠. 마지막 몇 홀에서 클럽이 무겁게 느껴진다고 말하는 사람이 있습니다. 골프는 걸으면서 체력이 많이 소모됩니다. 후반이 약한 분들은 평소에 '걷기'를 통해서 체력을 충분히 확보해야 합니다. 그리고 오르막 파5에서 걷기 시작하면 한 홀을 통째로 걸을 수 있으니 꼭 중간에 카트를 타기 바랍니다. 오르막길을 아무 생각 없이 걷다가 하체 근육이 풀어지면 다음 스윙이 잘 될 수 없습니다.

후반이 약한 골퍼 중에는 그늘집에서의 과한 음주가 원인인 경우가 있습니다. 심한 경우엔 발동이 걸려서 안주와 술을 포장해가기도 합니다. 문제는 본인이 취기를 이길 수 있느냐입니다. 그늘집에서는 본인이 감당할 수 있는 정도만 마시고 나머지 홀을 위해 스트레칭을 하는 것이 좋습니다.

전반이든 후반이든 한쪽이 약한 골퍼는 전후반 첫 번째 홀의 스코어를 잘 못 지켜서일 확률이 높습니다. 1번 홀과 10번 홀은 무리하지 말고 보수적으로 스코어를 지켜야 합니다. '보기는 할 수 있다. 하지만 절대로 더블은 하지 않겠다'라는 자세로 전후반 첫 번째 홀에 임하는 것이지요.

전후반 중 어느 쪽이 약하다고 굳이 동반자에게 떠벌릴 필요는 없습니다. 전반에 좋은 스코어를 기록해놓고 "후반엔 기대에 부응할게. 와르르 무너져줄게." 이런 말은 말대로 참사가 일어납니다. 본인의 징크스를 적에게 굳이 알릴 필요까지는 없습니다.

9홀 스코어를 목표하고 달성하는 것도 차이를 극복하는 방법입니다. 오늘은 '전반 9홀만큼은 잘 치겠다.' '후반만큼은 잘 치겠다'라고 작정하고, 전체 스코어보다 오히려 9홀의 스코어를 목표로 플레이를 몇 차례 해보는 것도 본인이 약한 9홀에 집중력을 강화시킬 수 있는 방법입니다.

골프는 축구나 농구 같은 스포츠와 달리 하프 타임이 있지 않습니다. 코스 구성상 아웃코스와 인코스가 있고, 사람들을 많이 받다 보니 인타임이라는 룰이 있는 것입니다.

대부분 골퍼들의 후회는 '전반에 좀 잘 칠걸…' '후반이 이게 뭐냐' 지요.

전반에 강한 골퍼가 아니라 전반에도 강한 골퍼.

후반에 강한 골퍼가 아니라 후반에도 강한 골퍼가 됩시다.

비기너의 가장 큰 결점은 좋아하는 샷만 연습하고 싫어하는 샷은 잘 연습하지 않는다는 데 있다._아더 발포아

캐디에게
사랑받는 법

캐디(Caddie)는 과거 프랑스 왕족들이 골프를 칠 때 골프 클럽을 젊은 장교들에게 들게 했는데, 이들을 부르는 프랑스어가 '카데(cadet, 사관생도)'인 데서 유래했다고 합니다. 캐디는 골퍼의 플레이에 여러 가지로 관여하고 조력자 역할을 합니다. 과거 LPGA에서는 '한국 여자 선수들은 지나치게 캐디에 의존한다'고 악의적인 비방을 했던 적이 있었습니다.

투어 프로들의 캐디는 과거 타이거 우즈의 캐디였던 스티브 윌리엄스처럼 100만 달러 이상의 수입을 올리기도 합니다. 1963년 국내 1호 골프장이었던 서울 CC에서 최초의 캐디로 활동했던 최갑윤 씨 이후에 캐디는 한때 선망의 직업이었습니다.

하지만 요즘엔 골프장마다 캐디 구인난에 시달린다고 합니다. 수요는 6만 명인데 5만 명밖에 없다고 하고, 앞으로는 노 캐디나 드라이빙 캐디가 대안이라고 합니다. 그러다 보니 많은 골퍼들이 '캐디들이 예전 같지 않다'는 말을 많이 합니다. 예전엔 캐디가 손님을 모시는 극단적인 서비스업이었다면, 요즘은 골퍼의 플레이와 함께하는 전문 동반자의 개념으로 변했습니다.

나를 제외한 3명의 동반자는 경쟁자이자 승부를 내야 하는 사람들입니다. 그래서 어쩌면 플레이어의 진정한 동반자는 캐디일지도 모릅니다. 저는 처음 싱글을 했을 때도, 라베를 했을 때도 정말 우수한 캐디의 도움을 많이 받았습니다. 캐디가 고의나 악의(?)를 갖고 퍼팅 라인을 엉뚱하게 가르쳐주거나 거리를 잘못 불러준다면, 피해는 결국 플레이어가 입습니다. 캐디도 사람인지라 좀 더 신경 써주고 싶은 골퍼가 있고, 맘에 안 드는 골퍼가 있을 테니까요. 굳이 진상 골퍼 짓으로 캐디의 미움을 사면 본인만 손해입니다.

캐디가 가장 싫어하는 골퍼는 못생긴 골퍼도 아니고 냄새나는 골퍼도 아닙니다. 플레이가 느린 '슬로우 골퍼'입니다. 당연히 좋아하는 골퍼는 플레이가 빠른 골퍼입니다. 누군가 루틴이 간결하고 플레이 속도가 빠르면 캐디가 말합니다. "캐디들이 좋아하겠어요."

말투가 거칠고 경박하거나 때와 장소에 맞지 않는 재미없는 농담을 무차별 투척하는 골퍼도 캐디에게는 인기가 없습니다. 특히 골프 용어나 과정을 성적으로 희화화한 농담은 정말 질색합니다. 플레이 도중 모든 책임을 캐디에게 돌리는 골퍼도 캐디의 경계 대상입니다. 퍼팅이 빠져도 캐디 탓, 샷이 짧거나 길었을 때도 캐디 탓을 하는 골퍼들이 있습니다. 그렇게 되면 캐디의 신경은 예민해지고 파트너로서 믿고 소통하기 어려워집니다.

구력이 좀 됐다고 캐디를 가르치려 드는, 캐디에게 지적질을 하는 골퍼 역시 캐디가 싫어하는 골퍼입니다. "캐디는 이래야 한다." "카트는 앞에 있으면 안 된다." "먼 사람부터 퍼터를 갖다 줘야지." 같은 잦은 지적도 캐디가 좋아할 리 없습니다. 자기 물건을 자주 흘리고, 잘 못 챙기는 골퍼 역시 싫어합니다. 웨지를 두 개 갖고 벙커에 갔다가 한 개를 두고 오는 골퍼, 유틸리티를 두 개 갖고 갔다가 하나를 두고 오는 골퍼, 우산이나 우비를 흘리고 다니는 골퍼도 캐디의 기피 대상입니다.

캐디는 '스스로 하는 자'를 돕습니다. 본인의 클럽은 본인이 챙기려는 골퍼, 거리는 본인이 거리측정기로 측정하고 클럽을 선택하는 골퍼, 그린에서 브레이크를 스스로 보고 볼을 스스로 맞추는 골퍼입니다. 공주처럼, 주인처럼 꼼짝도 하지 않고 캐디가 다 해주기를 바라는 골퍼보다 스스로 잘하는 골퍼에게 더 도움을 주고 싶은 것이 캐디의 마음입니다. 외국은 노 캐디로 플레이하는 경우가 많습니다. 우리나라도 점차 그렇게 바뀔 수 있으니 '스스로 하기'는 앞으로 골퍼에게 중요한 덕목이 될 겁니다.

사람은 존중해주는 사람을 존중합니다. 캐디는 부리는 사람이 아니라 함께하는 동반자입니다. 몇 시간이지만 서로에게 좋은 인상과 관계를 유지할 때 좋은 스코어를 낼 수 있습니다. 캐디에 대한 존중은 반드시 요긴한 도움으로 돌아옵니다.

바람은 훌륭한 선생님이다. 바람은 그 골퍼의 장점과 단점을 극명하게 가르쳐준다._해리 바든

숏게임에
재미를 붙이는 법

후배 중에 드라이버를 250미터 이상 치는 녀석이 있습니다. 7번 아이언으로 160미터 이상을 보내니 거의 선수들의 평균 거리입니다. 이 친구는 거리에 대한 부심이 대단해서 본인의 볼이 남보다 뒤에 있으면 못 참고 "완전 잘못 맞았어"라고 말합니다. "숏게임만 좀 늘면 금방 싱글 하겠는데…" 계속 몇 년째 이러고 있습니다. 그런데 그 숏게임이 안 늘고 있습니다. 영원한 유망주입니다.

미국 콜롬비아대학교 마크 브로디 교수는 타수 혜택(Stroke gained per Round)이라는 통계를 제시했습니다. 드라이버, 오프더티, 어프로치, 퍼팅으로 나누어서 동등한 조건일 때, 다른 선수에 비해 얼마나 타수 혜택을 보는지에 대한 통계인데요. 이 분석에 따르면 38퍼센트가 퍼팅, 18퍼센트가 그린 주변의 숏게임이라고 밝혔습니다. 숏게임이 56퍼센트를 차지하는 것이지요. 그럼에도 불구하고 주말골퍼들이 숏게임에 많은 시간을 할애하지 않는 이유는 '재미가 없어서'입니다. 숏게임에 재미를 붙인다면 좀 더 숏게임에 집중하지 않을까요?

유튜브나 포털에서 검색을 하면 역대급 숏게임 마스터들의 동영상이 있습니다. 그 환상적인 숏게임을 영상으로 접해보십시오. 세베 바예스테로스의 창의적인 어프로치샷, 벤 크렌쇼우의 신기의 퍼팅, 필 미켈슨의 놀라운 플롭샷, 2005년 마스터즈 16번 홀 타이거 우즈의 칩인 버디 등을 찾아보고 감상하십시오. 숏게임에 재미를 붙이려면 환상적인 숏게임을 먼저 봐야 합니다.

숏게임에 재미를 붙이려면 수치로 개선되는 증거를 스스로 확인해야 합니다. 자기만의 통계를 내보는 것이지요. 오늘은 퍼팅 개수가 몇 개인지 라운드 도중 휴대폰 메모장에 적어보고, 그린을 벗어났을 때 파세이브 율, 즉 스크램블 능력을 수치로 기록해보십시오. 적어도 퍼팅 개수만이라도 기억해서 적어보면, '다음 라운드에서는 몇 개를 해야겠다'라는 식의 목표가 생기고 동기부여가 될 것입니다.

재미를 붙이려면 투자도 해야 합니다. 드라이버는 비싼 거 쓰면서 퍼터는 저렴한 것을 쓰는 분들이 있습니다. 물론 가격이 가치는 아니지만 드라이버만큼 투자를 안 한다는 반증이지요. 웨지와 퍼터에 관심을 갖고 과감한 투자를 해보십시오. 진 사라센은 벙커샷을 극복하기 위해 스스로 샌드웨지를 만들었잖아요. 어떤 퍼터가 요즘 핫한지, 웨지의 특성은 어떤지 시간과 돈을 투자해보십시오.

연습장에서 웨지나 퍼터에 몇 분을 할애하십니까? 연습의 처음 시작은 웨지로 했지만 금방 드라이버로 바꿔 치는 것이 보통의 주말골퍼들입니다. 연습장에 갈 때, 웨지와 퍼터만 갖고 가보십시오. 강제로 숏게임만 해야 하는 상황을 만드는 것이지요. 웨지로 볼을 띄워보기도 하고, 굴려보기도 하고, 스핀을 먹여보기도 하고 다양하게 도전해보세요. 한 시간 동안 웨지만 연습하면 지겨울 것 같지만 충분히 재미를 느낄 수 있습니다. 파3 연습장에 자주 가는 것도 방법입니다. 가볍게 내기를 할 수도 있고요. 어프로치와 퍼팅의 재미를 새롭게 찾을 수 있습니다.

숏게임 잘하는 사람들은 뭐가 달라도 다릅니다. 동반자나 친구들 중에 숏게임 잘하는 사람을 유심히 뚫어지게 관찰해보세요. 드라이버 멀리 보내는 사람만 멋있는 것이 아니고, 숏게임 잘하는 사람이 멋있어지면 숏게임을 잘할 수 있는 마음가짐은 다져진 것입니다.

어떻게 치는지 물어보기도 하고, 관찰해서 알아내기도 하고, 실제 라운드에서 써먹어보면 숏게임에 더 재미를 느낄 수 있습니다. 숏게임에 재미를 느끼려면 웨지로 볼을 튀기는 저글링을 해보는 것도 좋습니다. 실제로 해보면 그렇게 어려운 기술이 아닙니다. 웨지를 자유자재로 다루는 듯한 느낌을 갖게 되면 클럽을 다루는 데 전보다 자신감이 생길 수 있으니까요.

라운드 전에 연습 그린에 가십니까? 골프장의 연습 그린이 아니면 어디서 퍼팅을 연습하겠습니까? 이렇게 좋은 천연잔디로 된 퍼팅 연습장이 있는데요. 퍼팅 그린에서 미리 연습을 한 라운드와 그렇지 않은 라운드의 퍼팅은 분명 차이가 납니다. 퍼팅 역시 스스로 2미터 숏퍼팅 연속 성공 횟수 같은 자기만의 기록을 만들어서 신기록 달성의 재미로 연습하는 것도 도움이 됩니다.

'드라이버는 쇼, 퍼팅은 돈'이란 말이 있습니다.

저는 이렇게 말하고 싶습니다.

"롱게임은 스코어의 시작이고, 숏게임은 스코어의 완성이다."

구찌를
피하는 법

'오케이, 컨시드 빼고 라운드 중에 하는 모든 말은 구찌다'라는 말이 있습니다. 구찌는 말 견제라는 뜻을 가진 구찌 겐세이라는 일본어에서 시작된 말인데요. 우리말로 바꾸면 '말 방해' 정도가 되겠죠.

구찌는 여러 가지 유형이 있습니다. 친한 친구들끼리 "시원하게 오비 한 방 내줘!" 같은 '대놓고 구찌'가 있습니다. "왼쪽은 오비고 오른쪽은 해저드인가요? 그럼 오른쪽이 낫네" 같은 말로 뒷사람의 걱정을 유발하게 하는 '걱정유발 구찌'가 있고요. 거의 모든 샷에 대해 해설하고 말을 하는 '중계 구찌'가 있습니다.

비거리를 칭찬하면서 은근히 힘이 들어가게 하는 '칭찬 구찌'

도 있습니다. "이거 완전 버디하겠는데?" "오늘 라베하는 거 아냐?"와 같은 동반자에게 부담을 주는 '부담 구찌'도 있습니다.

이렇게 쳐봐라, 저렇게 쳐봐라, 매샷마다 지적질과 레슨을 하는 '레슨 구찌'도 동반자를 무너뜨립니다.

"넌 백스윙 할 때 발바닥 어느 부분에 힘줘?" 같은 '질문 구찌'는 나도 모르는 궁금증 때문에 그 라운드에 영향을 미칩니다.

구찌를 피하는 가장 기본적이고 단순한 방법은 '무시'입니다. 들어도 못들은 척, 신경 안 쓰는 거죠. 구찌 공격이 다시 들어와도 대꾸조차 안 하면 구찌하는 사람이 제풀에 지칩니다. 그런데 이게 쉽지 않습니다. 감정을 건드리게 되면 발끈하게 되고, 구찌를 구찌로 상대하기 시작하면 공격과 반격이 반복되고, 그러다 보면 그날 라운드는 피곤하게 됩니다.

무시하기가 어렵다면 '웃고 말기'입니다. 구찌의 강자들은 말로는 못 이깁니다. 게다가 그분들은 목소리도 크고 말도 많고 잘 합니다. 내가 반격할 만한 틈을 주지 않습니다. 설사 반격을 했다고 하더라도 그 반격에 두 배의 구찌가 되돌아옵니다. 결국 마지막에 말하는 사람이 이기는 것이지요. 그냥 웃으십시오. 웃어 넘기십시오.

구찌를 피하는 가장 효과적인 방법은 그 사람과 가급적이면 거리 두기를 하는 것입니다. 옆에 있지 말고 떨어져 있는 것이지요. 가까이 있으면 말을 섞게 되고 그 말이라는 게 결국 구찌 아니겠습니까? 가급적 주변에 있지 말고 좀 떨어져 있으면 구찌뿐만 아니라 듣기 싫은 말 폭탄으로부터 피해 있을 수 있습니다.

구찌가 심해서 함께 라운드하기 불편한 동반자라면, 앞으로도 같이 동반해야 하는 사람이라면, 가끔 따끔하게 이야기해 줄 필요가 있습니다. 예를 들면 "너는 입만 벌리면 구찌냐!"라고 말하면 의외로 "내가 언제?"라는 답이 돌아올지도 모릅니다. 정색을 하고 "지금 구찌한 거지?"라고 말하는 것도 방법입니다. 본인의 말이 구찌가 아니라고 생각하고 하는 사람도 있으니까요. 대부분의 골퍼들은 골프를 이기기 위해서 샷이 아닌 구찌를 하는 행위를 야비하거나 비열하다고 생각합니다. 그런 생각에 '그게 바로 너야'라는 느낌의 말을 해주면 고쳐지지는 않더라도 그날 라운드는 달라질 수 있습니다.

구찌와 농담의 경계는 참으로 애매합니다. 가벼운 구찌는 라운드 분위기를 좋게 할 수도 있습니다. 하지만 악의적인 구찌가 습관이 된다면 그 골퍼는 정당하게 실력으로 겨루는 것이 아닌 다른 방법을 쓰는 것처럼 보입니다.

경계는 애매하지만, 분명한 것은 본인의 말이 동반자를 거슬리게 한다면 그것 역시 매너에 어긋나는 것입니다. 하지만 구찌와 농담의 경계를 지키는 것은 쉽지 않습니다. 바로 골퍼들의 마음속에 깊고 단단하게 화석처럼 박혀 있는 승부욕 때문입니다. 오죽하면 스코틀랜드 속담에 이런 말이 있겠습니까?

'골프는 친구 셋이 가서 세 명의 적이 되어 돌아오는 경기다.'

고수는 한 타를 버림으로써 위기를 극복하지만 하수는 한 타를 아끼려다가 위기를 자초한다._하비 페닉

멘탈이 탈탈 안 털리는 법

골프는 셋업이 40퍼센트, 스윙이 10퍼센트, 그 나머지 반은 멘탈이라는 말이 있습니다. 잭 니클라우스는 "골프는 90퍼센트가 멘탈이고 나머지 10퍼센트가 스윙이다"라고 말했습니다. 멘탈이 몇 퍼센트인지가 중요한 게 아니라 그만큼 골프가 멘탈 게임임을 강조한 골프 격언입니다. 그래서 선수들은 멘탈 코치를 따로 두기도 하고, 정기적으로 카운슬링을 받습니다. 멘탈 노트를 적기도 하고요. 경기 중에 느끼는 엄청난 무게의 압박감과 하늘 꼭대기로 올라갔다가 땅속으로 떨어지는 듯한 감정의 기복을 극복하기 위해서입니다.

주말골퍼든 선수든 멘탈이 나가는 가장 큰 이유는 미스샷입니다. 본인이 원하는 대로 볼이 안 나갔을 때지요. 주말골퍼들은 미스샷을 한 후 멀리건을 받고 샷을 했는데, 그 샷도 오비 구역으로 갔다면 멘탈도 같이 오비 구역으로 사라집니다. 잘 친 샷인데 바운스가 이상하게 나서 엉뚱한 곳으로 간다든지, 경사를 타고 굴러서 치기 힘든 라이에 볼이 놓인 경우도 마찬가지입니다. 뒤땅, 뒤땅의 연속으로 계속 끊어가거나 벙커에서 아웃을 못하고 중간에 홀을 포기하기도 합니다. 이럴 때 여지없이 멘탈은 무너집니다.

동반자 때문에 무너지기도 합니다. 동반자의 비상식적인 플레이, 이를테면 아무도 컨시드를 주지 않았는데 스스로 볼을 집는다든지 과한 구찌와 알까기 같은 반칙에 멘탈은 또 여지없이 무너집니다.

멘탈이란 결국 평정심과 안정감입니다. 평정심과 안정감을 유지하는 가장 견고한 방법은 일정한 루틴을 갖는 것입니다. 길게는 라운드 전날의 루틴에서 라운드 전의 루틴, 프리샷루틴까지 일정한 루틴을 갖는 것이죠. 근육이 기억하도록 무한정 반복하라는 말이 있습니다. 루틴이 일정하면 한 번의 실수는 한 번의 실수로 그칠 수 있습니다. 실수가 반복될 때, 멘탈이 무너지는 것입니다. 만일 라운드 도중 멘탈이 흔들린다면 평소의 루틴보다 조금 더 여유 있게 바꾸는 것도 방법입니다. 마음이 상하면

급해지고 서두르게 되니까 이를 감안해서 조금 천천히 샷을 하는 것이지요.

멘탈에 가장 큰 힘이 되는 것은 '긍정의 힘'입니다. 리우 올림픽 펜싱에서 박상영 선수가 "할 수 있어"라는 말을 한 후 역전해서 금메달을 획득한 것처럼, '오비 파로 막으면 되지' '칩인 할 수 있어' 같은 긍정적인 마인드가 멘탈을 지킬 수 있습니다.

'양파 까겠네' '오늘은 글렀네' 같은 부정적인 말보다 긍정적으로 생각하고 말하십시오. 생각을 바꾸기 힘들다면 일단 말부터 바꿔봅시다. 때론 말이 생각을 만드니까요.

멘탈이 나갔을 때는 '걷기'가 좋습니다. 걷기는 신경계 활동에 영향을 미쳐 분노나 감정을 누그러뜨리는 데 도움이 된다는 연구 보고가 있습니다. 분노조절기능이 있는 것이죠. 평소에는 카트를 고집하는 분들도 멘탈 붕괴 위기에서는 혼자 걸어보십시오. 걷기는 뇌의 해마에 좋은 영향을 줍니다.

물이나 음식을 먹는 것도 멘탈을 지키는 데 도움이 됩니다. 최근에 많은 선수들이 물 마시는 장면이 카메라에 잡히는 것도 이런 이유입니다. 바나나나 초콜릿을 먹는 것, 몸에 칼로리를 공급하는 것 역시 기분전환에 좋은 방법입니다.

멘탈이 탈탈 털리게 되면 잠시 혼자가 되는 것도 좋습니다. 동반자들과 붙어 있기보다 좀 떨어져 있어 보십시오. 기분이 상해 있으면 어떤 말도 들리지 않고, 왜곡해서 들을 가능성도 있습니다. 멘탈이 돌아올 때까지 좀 떨어져서 걷고 혼자가 되어 보십시오. 그렇다고 삐진 사람처럼 행동하라는 말은 아닙니다.

빈스윙을 많이 하는 것도 무너진 멘탈에 도움이 됩니다. 프리샷루틴에서 빈스윙을 더하라는 말이 아니고, 중간중간 다른 사람의 샷을 기다리는 시간에 빈스윙을 많이 하면, 조금 더 샷에 집중할 수 있습니다. 이 밖에도 심호흡을 크게 하는 것, 먼 곳을 보는 것도 멘탈을 지키는 데 도움이 됩니다.

라운드를 하다 보면 멘탈이 흔들리는 순간이 반드시 옵니다. 이때 흔들린 멘탈을 누가 빨리 잡고 평정심을 유지하느냐가 고수와 하수의 차이입니다.

집 나간 멘탈을 찾는 데 중요한 과정은 '얼마나 긍정적인 마인드를 갖느냐' 입니다.

긍정은 극복입니다. 부정은 반복입니다.

내 핸디캡 파악하는 법

"핸디가 어떻게 되세요?"

처음 만난 골퍼들끼리 하는 질문입니다. 일반적으로 많이 쓰는 핸디의 정확한 표현은 핸디캡입니다. 로우핸디라고 하면 로우핸디캡인 것이고, 싱글의 바른 표현은 싱글핸디캐퍼입니다.

핸디캡의 유래는 몇 가지가 있습니다. 그중 가장 널리 받아들여지는 것은 스코틀랜드에서 술 마시고 계산하는 방법에서의 시작입니다. 술값을 계산할 때 누군가의 모자를 꺼내고 갖고 있는 돈을 그 모자 안에 안 보이게 넣는 데서 시작했다는 설입니다. 'Hand in cap(핸드 인 캡)', '모자 속의 손'에서 'in'이 빠지면서 핸디캡이 됐다, 즉 누가 얼마를 넣는지 보이지 않게 해서 돈이 없는 사람도 공평하게 참여하게 했다는 뜻입니다.

핸디캡은 불리한 조건, 장애라는 뜻을 가졌습니다. 골프에서 핸디캡 20이라고 하면, 핸디캡이 없는 스크래치 골퍼보다 18홀에서 20타가 불리한 조건이니 이를 감안해서 게임을 해야 한다는 뜻입니다. 경마에서 우수한 말일수록 경주마의 몸에 중량을 무겁게 달고 뛰게 하는 것 역시 핸디캡이고, 바둑에서 '몇 점 깔고 둔다'라는 것도 핸디캡입니다.

세계의 명문클럽 중에 핸디캡카드(핸디캡인덱스)를 제시하지 않으면 플레이를 못하는 곳이 있습니다. 골프장의 난이도에 따라 핸디캡 20 이상의 플레이를 금한다고 규정하기도 합니다.

핸디캡을 계산하려면 핸디캡이 0인 스크래치 골퍼가 코스를 얼마나 어렵게 느끼는지에 대한 데이터인 코스레이팅(course rating)이 있어야 합니다. 코스레이팅은 코스의 길이와 장해물 요소를 고려해서 수치화한 것입니다. 72보다 높으면, 예를 들어 74라면 스크래치 골퍼가 2개를 더 치는 것이니 코스는 어려운 것입니다. 반대로 71이면 한 타만큼 쉬운 것입니다. 슬로프레이팅(slope rating)은 에버리지 골퍼, 평균적인 골퍼들을 위한 난이도를 수치로 만든 것입니다. 55부터 155까지의 범위가 있고 평균은 113입니다.

이에 따라 핸디캡을 계산하는 공식은 (스코어-코스레이팅)×

(113÷슬로프레이팅)입니다.

코스레이팅이 69.7, 슬로프레이팅이 125인 베어즈베스트 오스트랄아시아 코스 화이트티에서 90개를 쳤다고 가정합시다. 이를 위의 공식에 넣어 계산하면 약 22.5가 나옵니다. 타수-72라는 단순한 계산으로 18이 나오는 타수지만, 레이팅을 감안하면 다른 결과가 나옵니다. WHS(World Handicap System)에서는 최소 5회 라운드 스코어의 계산을 핸디캡으로 인정합니다.

주말골퍼는 이렇게 정확한 핸디캡 계산이 불가능합니다. 국내에서는 아주 드물게 특정 골프장에서 핸디캡카드를 발급해주는 곳도 있지만 레이팅조차 알 수 없는 경우가 많습니다.

주말골퍼의 핸디캡은 최근 5라운드 이상 스코어의 평균을 내고 이 스코어에서 72를 뺀다면 어느 정도 통용되는 핸디캡이 됩니다. 물론 스코어가 일파만파, 멀리건이 포함된 지나치게 관대한 점수라면 곤란하겠지만요.

누군가, "핸디가 어떻게 돼요?"라고 물으면, "대중 없어요. 100개도 치고 80대도 칩니다"라고 대답하기보다는 "18입니다" "20입니다"라고 대답하는 것이 좋습니다. '100돌이가 무슨 핸디야, 20 넘는 핸디는 없어'라고 말하는 분도 있지만 월드핸디캡시스템에서 규정한 핸디의 최대값은 54입니다. 18홀 올트리플까지는 핸디가 있는 것입니다.

주말골퍼끼리 핸디캡은 1년에 한 번 정도 스스로 갱신하는 것이 좋습니다. 시작한 지 얼마 안 된 초보골퍼들이야 순식간에 핸디캡을 줄일 수 있지만, 이 역시 '결국 핸디 나오네'라는 말도 있으니 1년에 한 번이면 적당할 것 같습니다.

핸디캡은 당구 점수처럼 너무 물이거나 너무 짜지 않게 스스로 정하는 것이 좋습니다. 너무 낮게 말하는 핸디는 허세로 보일 수 있습니다. 본인의 실력에 걸맞지 않은 높은 핸디(짠 핸디)는 내기 등의 게임에서 이기려는 수법처럼 보일 수 있습니다.

핸디캡이 줄어드는 것은 골프의 큰 재미이고 기쁨입니다.

한국에는 골프 인구의 대략 5퍼센트 정도가 싱글핸디캐퍼라고 합니다.

핸디캡이 줄고 줄어 핸디캡이 없어지는 골퍼가 되는 것이 모든 골퍼의 꿈 아닐까요?

골프클럽 구성하는 법

골프클럽의 개수를 14개로 제한한 것은 1930년대입니다. 스코틀랜드에서 열린 디오픈에서 미국 선수인 로손 리틀이 우승을 하자, 영국 측에서 클럽 개수를 갖고 문제를 삼았습니다. 당시 로손 리틀은 30개의 클럽을 사용했으며 드라이버와 퍼터만 합쳐서 10개를 사용했다고 합니다. 한 개의 클럽이라도 더 넣고 다니면 무기 하나를 더 갖고 전쟁에 참여하는 것이니 유리할 것이 뻔합니다. 그래서 14개의 클럽을 어떻게 구성할 것인지가 중요합니다.

일단 드라이버와 퍼터, 4번이나 5번 아이언부터 피칭웨지까지의 여섯 혹은 일곱 개의 아이언은 필수입니다. 요즘은 4번 아이언을 안 넣고 다니는 분들이 꽤 많습니다. 그렇다면 나머지 여섯 개의 클럽을 어떻게 구성하느냐의 문제가 남습니다.

이때 고민해야 할 사항이 '나는 웨지를 강하게 라인업할 것인가, 긴 클럽의 진용을 두텁게 할 것인가'입니다. 이는 롱게임과 숏게임의 선택 문제이기도 하고, 내가 어떤 채를 보다 쉽게 다룰 수 있느냐의 문제이기도 합니다.

우드 계열을 구성할 때는 나의 스윙스타일을 고려하고 선택하는 것이 좋습니다. 본인의 스윙이 조금 가파른 스윙플레인에 아웃인의 궤도라면 3번 우드를 잘 치기 상당히 어렵습니다. 반대인 경우엔 오히려 유틸리티 클럽이나 드라이빙 아이언에 비해 우드가 편할 수도 있습니다. 유틸리티가 만능 채는 아닙니다. 러프나 안 좋은 라이에서 탈출과 일상적인 샷이 가능하기는 하지만 이는 어디까지나 그럴 확률이 높다는 것이지, 반드시 그렇다는 것은 아닙니다.

우드와 유틸리티를 구성할 때는 단순히 번호가 아닌 로프트각을 반드시 확인하십시오. 보통 3번 우드의 로프트가 15도입니다. 5번 우드가 19도이므로 3번 유틸리티와 로프트가 같습니다. 따라서 로프트가 같은 것을 두 개 갖고 다니는 것은 아무리 우드와 유틸리티의 쓸모가 다르다고 해도 다른 클럽을 활용할 수 있는 여지를 없애는 것입니다. 브랜드마다 로프트각이 약간씩 다르기 때문에 단순히 번호로만 판단하지 말고 로프트각이 얼마인지 꼭 확인하십시오.

우드와 유틸리티를 줄이고 웨지의 개수를 늘이겠다고 하는 분들도 피칭웨지의 로프트가 몇도인지에 따라 4도씩 혹은 5도, 6도씩 차이를 두고 구성할 수 있습니다. 먼저 피칭웨지의 로프트를 파악하고 거기에 맞추어 웨지를 갖추십시오.

해마다 옷장을 정리하다 보면 몇 년째 안 입는 옷이 있습니다. 2년 동안 한 번도 안 입은 옷이라면 과감히 버리라는 말이 있습니다. 내 골프백에 있는 골프채도 마찬가지입니다. 몇 번의 라운드에도 결코 꺼내지 않는 클럽이 있습니다. 예를 들어 그 클럽이 3번 우드라면 3번 우드를 과감히 빼십시오. 그래야 다른 클럽으로 채울 수 있잖아요. 언젠가 쓰겠지 하고 넣고 다니기만 하면 점점 내 손에서 멀어집니다. 최근 5번의 라운드에 한 번도 안 쓴 채라면 앞으로도 거의 쓸 일이 없는 채입니다.

대신 클럽은 한두 개 여유 있게 갖고 있는 것이 좋습니다. 어떤 골프장은 유난히 벙커가 높을 수 있습니다. 그럴 때는 60도나 그 이상의 로프트인 웨지를 가져가는 것이 좋습니다. 반대로 전장이 유난히 긴 골프장이라면 유틸리티나 우드 계열을 보다 촘촘하게 구성해서 긴 코스에 대비하는 것이 좋겠지요. 마치 야구경기에서 상대편 투수에 따라 오른손 타자 위주, 왼손 타자 위주로 바꾸면서 플래툰시스템을 하는 것처럼 예비클럽을 보유하면 그때그때 바꿔갈 수 있습니다.

내가 어떻게 14개의 클럽을 구성하느냐부터 골프는 시작됩니다. 나의 장점을 극대화시키고 단점을 보완할 수 있는 구성은 뭘까요? 한번 생각해보십시오.

만일 클럽을 하나 바꿔서 한 타를 줄일 수 있다면, 지금 당장 해야지요.

한 타 줄이기 얼마나 어렵습니까?

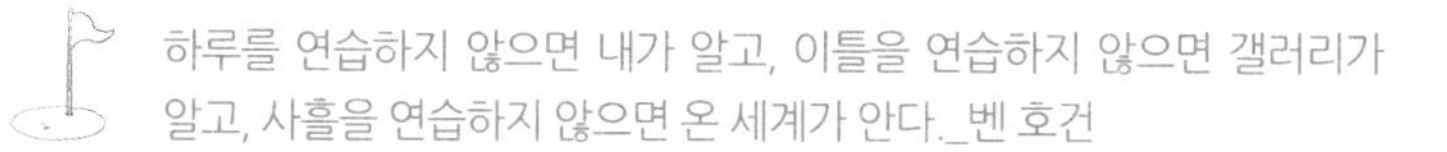

하루를 연습하지 않으면 내가 알고, 이틀을 연습하지 않으면 갤러리가 알고, 사흘을 연습하지 않으면 온 세계가 안다._벤 호건

6장

말로 하는 스윙 팁

"라운드 중 가장 중요한 샷은
다음 샷이다."

Lesson 1

좋은 그립을 가진 나쁜 골퍼는 없다

그립은 바꾸기가 어렵습니다. 스윙의 시작이 그립인 것처럼, 골프의 시작은 그립입니다. 시작이 습관이 되고 습관은 좀처럼 바꾸기 어렵습니다. 골프에서 그립의 중요함은 아무리 강조해도 지나치지 않습니다. 그래서 그립에 대한 이야기는 수십 페이지를 할애해도 모자랍니다. 하지만 너무 많은 정보들이, 너무 많은 디테일이 루틴과 좋은 습관 만드는 것을 방해하기도 합니다. 골프를 하는 동안 평생 잊어서는 안 되는 좋은 그립 잡는 방법에 대해 이야기해보겠습니다.

그립은 잡는 방법에 따라 오버래핑 그립과 인터록킹 그립이 있습니다. 베이스볼 그립도 있지만, 이 그립을 하는 골퍼는 거의 없습니다. 손가락의 길이에 따라, 혹은 본인이 채를 잡았을 때의 느낌에 따라 선택하면 됩니다. 손이 작은 분들이 오버래핑으로 시작했다가 중간에 인터로킹으로 바꾸는 경우를 많이 봤습니다. 손이 크지 않은 타이거 우즈도 인터로킹입니다.

그립과 손의 틀어짐 정도에 따라, 스트롱, 뉴트럴, 위크 그립으로 나뉩니다. 왼손 엄지와 검지가 만나는 V자 홈이 오른 겨드랑이를 가리키게 되면 스트롱 그립이고, 턱을 가리키게 되면 뉴트럴 그립, 몸의 왼쪽을 가리키게 되면 위크 그립입니다. 스트롱 그립은 클럽페이스를 닫기 용이한 그립이라 훅 그립이라고도 하고, 위크 그립은 슬라이스 그립이라고도 합니다.

그립에 따라 구질을 교정할 수 있고, 구질이 결정될 수도 있는 것이 바로 얼마나 스트롱하게 잡느냐, 뉴트럴하게 잡느냐의 문제입니다. 스트롱 그립은 볼의 런을 늘릴 수도 있어 거리가 줄어 고민인 시니어골퍼들에게 추천하는 그립입니다.

그립에서 가장 중요한 것은 손과 팔 그리고 몸과의 일체감입니다. 동시에 손과 손목을 유연하게 쓸 수 있게 만드는 것이 중요합니다. 이것은 그립을 얼마나 강한 압력으로 잡느냐와 관계가 있습니다. 새를 손에 쥐듯이, 치약을 짜는 압력으로 그립을 잡으라고 말하기도 하지만 이렇게 그립을 약하게 잡으면 손과 손목을 유연하게 만들 수는 있을지 몰라도 클럽과 몸의 일체감을 갖기엔 부족하다고 생각합니다.

그립의 압력을 1에서 10으로 나눈다면, 저는 5에서 7의 세기로 잡는 것이 좋다고 생각합니다. 손목을 유연하게 쓸 수 있을 정도의 견고함, 즉 너무 강하거나 너무 느슨하게 잡지 않는다는 느낌이 중요합니다.

왼 손바닥이 아닌 왼 손가락이 시작되는 마디에 그립을 올려놓고 잡는 것을 잊지 마십시오. 예전의 골프에서는 손바닥의 생명선에 그립을 놓고 잡는 방식이 유행한 적도 있지만 손가락으로 그립을 잡아야 조금 더 클럽을 자유롭게 컨트롤할 수 있습니다.

오른손 V자 홈과 왼손의 V자 홈이 서로 평행을 이루는 것도 중요합니다. 왼손은 스트롱하게 잡고 오른손은 위크하게 잡아 양손의 V자 홈이 서로 겹쳐진다면 오른팔과 왼팔을 조화롭게 쓰기가 어려워서 일관성을 갖기가 어렵습니다.

그립을 잡을 때는 반드시 양손이 견고하게 밀착돼야 합니다. 특히 오른손 손바닥이 시작되는 지점과 왼손 엄지 부분이 만나는 지점이 느슨하거나 떨어지게 되면 백스윙 탑에서 클럽이 손에서 풀리는 듯, 노는 듯한 느낌이 듭니다. 양손을 얼마나 잘 밀착시키느냐가 결국은 일체감입니다.

오른손 검지를 방아쇠 당기듯이 가운데 손가락과 분리해서 앞쪽으로 떨어뜨리는 이유는 이것이 코킹과 클럽을 뿌리는 느낌에 중요하게 작용하기 때문입니다. 오른손 검지를 중지와 같이 그립을 감아쥔다면 오른손 손목을 자유롭고 유연하게 쓰기도 어렵습니다.

손가락 별로 보면, 왼손은 중지부터 새끼손가락까지, 오른쪽 손가락은 3,4번 손가락을 다른 손가락에 비해 견고하게, 즉 좀 세게 잡을 필요가 있습니다. 특히 왼손 새끼손가락의 잡는 힘이 부족하면 클럽이 탑에서 머리쪽으로 향할 수 있으니 주의해야 합니다.

잘못된 그립은 반드시 스윙의 과정에서 보상동작을 필요로 합니다. 스윙을 복잡하게 하고 일관성이 떨어지게 만듭니다.

잘못된 그립은 언젠가는 바꿔야 합니다. 그 언젠가가 바로 지금입니다.

Lesson 2

어드레스만 보면 압니다

라운드를 하면 동반자의 어드레스만 봐도 이 사람의 실력을 어느 정도 짐작할 수 있습니다. 안정적이고 라인이 예쁜 어드레스는 좋은 샷을 칠 것만 같습니다. 어드레스가 좋으면 옆에서 보기에도 좋고요.

어드레스는 어떤 각도로 어떤 라인으로 서느냐부터 시작됩니다. 제가 처음에 골프를 배울 때는 기마자세라고 해서 무릎을 좀 과하게 굽히고 엉덩이를 뒤로 빼는 어드레스를 가르쳐줬습니다. 지금은 무릎을 많이 굽히지는 않습니다.

나에게 맞는 어드레스를 찾으려면 일단 무릎이 아닌 허리를 먼저 굽히십시오. 그 다음에 무릎을 적당히 굽혀주는 것이지요.

기억하십시오. '허리를 먼저 숙이고 무릎을 굽힌다.' 어느 정도 숙여야 하는지는 골퍼에 따라 다릅니다. 키에 따라, 체형에 따라, 팔의 길이에 따라 다릅니다.

중요한 것은 내 클럽헤드의 토우가 동전 하나 정도 들어갈 정도로 약간 들리는 라이각이 형성되는 정도로 굽히는 것이 좋습니다.

그렇게 되면 팔을 지나치게 수직으로 떨어뜨리지도 혹은 너무 앞쪽으로 뻗지도 않는 적당한 각도가 나옵니다. 팔과 샤프트가 자연스럽게 꺾이는 각도가 만들어지고요. 이 각도는 백스윙 시 손목의 힌징을 용이하게 만들어줍니다.

보통 체중분배라고 하는데, 발바닥의 압력을 어느 발에 얼마만큼 느끼느냐도 중요합니다. 이 역시 예전엔 드라이버의 경우, 오른발에 무게를 많이 실었지만 요즘은 많아야 4:6 정도로 오른발에 무게를 느끼게 합니다. 이는 오른손 그립이 왼손 아래에 있기 때문에 일어나는 자연스러운 동작이고, 이에 따라 머리도 약간 오른쪽으로 기울어지게 되는 것이죠. 아이언은 오히려 왼발에 5.5 오른발에 4.5를 실어 다운블로를 용이하게 합니다.

또한 발에 느끼는 압력이 지나치게 발 앞쪽에 있거나 뒤쪽에 있어서도 안 됩니다. 앞쪽에 쏠리는 어드레스를 하게 되면 백스윙 시 반대의 힘에 의해 일어나거나 갑자기 체중이 뒤꿈치로 옮겨져 척추각이 무너지는 백스윙을 할 수 있습니다. 반대로 너무 뒤꿈치 쪽에 체중이 있는, 심지어 무릎도 많이 굽혀서 앉아 있는 듯한 어드레스를 하게 되면 백스윙 시 앞쪽으로 쏠리게 되는 오류를 범할 수 있습니다. 발바닥의 아치가 시작되는 부분부터 발의 중앙에 체중과 압력을 느끼는 것이 좋습니다.

턱은 볼에 너무 집중하면 몸에 붙어서 경직될 수 있습니다. 그렇다고 회전 시 어깨를 턱밑에 억지로 넣기 위해 턱을 지나치게 들 필요도 없습니다. 선수들의 영상을 보면 적당한 간격에 턱이 위치하고 있음을 알 수 있습니다.

가끔 지나치게 허리를 펴다 못해 역C 형태로 버티는 분들이 있습니다. 이 역시 허리에 무리가 갈 뿐 아니라 자연스러운 허리 회전을 방해하는 동작입니다. 허리는 펴는 것이 중요하지만 과한 힘을 가해서 일부러 펴는 것은 아닙니다.

샷메이킹을 하는 것이 아니라면 스탠스도 볼과 평행한 것이 좋습니다. 주말골퍼들 중에 많은 분들이 클로즈스탠스로 드로우를 치거나 슬라이스를 방지하려는 경향이 있는데요. 약간 오른발을 뒤로 빼는 것은 괜찮지만, 지나친 클로즈스탠스는 샷의 변형을 가져오고 에이밍에도 문제가 생깁니다.

거울을 자주 보십시오. 어드레스를 찍어보십시오. 동반자의 좋은 어드레스를 따라 해보십시오.

샷은, 스윙은, 볼을 치는 순간만이 아닙니다.

어드레스도 스윙입니다.

골프는 볼을 구멍에 넣은 게임이다. 골프백 속에서 볼을 구멍에 넣는 도구는 퍼터뿐이다. 그 퍼터의 연습을 왜 처음부터 하지 않는가._잭 버크

Lesson 3

에이밍,
똑바로 서야 똑바로 친다

연습장에서는 볼이 똑바로 가는데 필드만 가면 딴 데로 간다는 분들 중 상당수는 똑바로 서지 않기 때문입니다. 골프장 매트에서 볼을 치면 방향을 못 잡는 골퍼도 매트의 라인에 맞추는 데 습관이 되어 제대로 에이밍 훈련을 할 기회가 없습니다.

대부분의 골퍼들은 실제 목표보다 오른쪽으로 에이밍을 한다고 합니다. 시선이 오른쪽을 향하고 어드레스를 하니 몸이 오른쪽을 향하게 되는 원리입니다. 샷을 하고 오른쪽으로 갔다고 불만스러워 하면 동반자가 "오른쪽 보고 섰어"라고 말하지요. 제 경험에 "너무 왼쪽 봤어"라는 말은 들어본 적이 없습니다. 왼손잡이를 빼고는요. 하루 날을 잡아 라운드 중에 에이밍을 한 후

두 발 앞에 얼라인먼트 스틱을 정렬시켜서 내가 제대로 에이밍을 하는지 확인할 필요가 있습니다. 얼마나 우측을 보고 있는지 그 정도를 일단 알아야 수정할 수 있으니까요. 친한 동반자나 캐디에게 "나 지금 에이밍 제대로 했나요?"라고 물어보는 겁니다. 대회를 TV로 보면 얼마 전까지만 해도 캐디가 선수 뒤에서 에이밍이 제대로 됐는지 최종 확인하고 수정해줬잖아요. 그만큼 에이밍은 혼자 힘으로 고치기 쉽지 않습니다.

에이밍이 쉽지 않은 것은 본인이 확신을 가지는 구질이 없어서 그렇습니다. 내 구질이 확실한 드로우, 확실한 페이드 혹은 악성 스트레이트 구질이라는 확신이 있다면 에이밍은 쉬워집니다. 에이밍을 잘하려면 본인의 구질을 만들고 파악하는 것이 선행돼야 합니다.

티샷에서 에이밍을 잘하려면 티잉그라운드의 티마크가 보는 방향을 무시하십시오. 주말골퍼들은 티마크가 보는 방향에 영향을 많이 받습니다. 그런데 이 티마크와 티마크를 연결하는 선이 바라보는 곳이 골퍼들이 보내야 할 방향과 일치하지 않는 경우가 많습니다. 배꼽이 나오는 것만 유의하고 티마크는 신경 쓰지 마십시오. 다만 슬라이스가 나는 골퍼이거나 오른쪽이 위험지역이라면 티잉그라운드의 오른쪽에서 티잉을 하는 것이 좋습니다. 그러면 오른쪽 방향이 닫히면서 왼쪽으로 가게 됩니다. 반대로 왼쪽이 낭떠러지 오비구역이라면 티잉그라운드의 왼쪽에서 티잉을 하는 것이 좋은 결과를 낼 수 있습니다.

대부분 주말골퍼들은 스탠스는 오른발을 뒤로 빼는 클로즈스탠스를 하고 몸은 약간 열리는 어드레스를 하는 경우가 많습니다. 내 스탠스와 내 몸이 같은 방향으로 정렬을 하는 것도 특히 신경 써야 할 부분입니다.

에이밍에서 가장 중요한 것은 내가 보내고자 하는 방향과 클럽페이스를 맞추는 것입니다. 그런데 목표점이 너무 멀고 경사도 있고 해서 목표점과 내 볼을 잇는 가상의 선을 긋습니다. 그리고 내 볼 앞의 1,2미터 내 특정지점의 돌이나 잔디, 디봇 등을 기억하고 그곳과 내 클럽페이스를 수직으로 맞추면 됩니다.

클럽페이스를 맞출 때에는 오른손 한 손으로 맞추고 두 발이 들어가면서 스탠스를 갖추고 어드레스를 하면 됩니다. 이 동작은 끊어지는 동작이 아니라 자연스럽게 연결되는 동작이어야 합니다. 가끔 클럽헤드의 토우 부분을 목표 방향에 맞추고 돌면서 이에 맞춰 스탠스를 하는 분들이 있습니다. 조금 연속적인 동작으로 하는 것이 보기에도 좋고 본인 루틴에 쓸데없는 긴장감을 주지 않는 측면에서는 좋습니다.

연습장에서도 에이밍을 바꿔가면서 오른쪽, 왼쪽으로 볼을 치는 연습을 해보십시오.

에이밍도 연습해야 합니다. 볼은 똑바로 쳤는데 에이밍이 똑바르지 않다면 볼이 어디로 가겠습니까?

실수할 것이라 생각하지 마라. 그것들은 당신을 혼란스럽게 만들고 홀과 멀어지게 할 것이다._타이거 우즈

Lesson 4

현실은 내 몸에,
아마추어의 현실적인 스윙

타이거 우즈는 4살에 골프를 시작했습니다. 아버지 얼 우즈가 골프하는 것을 쫓아다닌 것은 2살 때부터였다고 합니다.

어느 주말골퍼는 40살에 골프를 시작했습니다. 최경주 선수는 매일 2000개의 공을 쳤습니다. 어느 주말골퍼는 1주일 만에 연습장에 가서 150개의 공을 쳤습니다. 같을 수 있겠습니까?

대부분의 주말골퍼는 각자 좋아하는 선수가 있고, 그 선수의 스윙을 따라 하려고 합니다. 문제는 여기에서 시작됩니다. 우리 몸은 그들과 같지 않고, 우리의 경험은 그들보다 짧습니다.

선수들의 스윙 템포는 1초 내외입니다. 타이거 우즈가 1.2초라고 하는데요. 분명 백스윙은 '낮고 길게 천천히'라고 배웠는데, 선수들의 스윙을 보면 순식간에 일어나는 아주 짧은 순간처럼 보입니다. 전환동작이 빠르니 백스윙을 하자마자 다운스윙을 하는 것처럼 보입니다. 타이거 우즈도 그렇고 로리 맥길로이도 그렇게 보입니다. 그들은 4살 때 시작했기 때문이죠.

그들의 근육은 골프와 함께 성장했습니다. 우리는 근육이 실종되면서 골프를 시작했습니다.

아마추어는 아마추어에 맞는 스윙 템포를 찾아야 합니다. 선수들의 동영상은 감탄용이지 연습용은 아닙니다. 나이가 들면서 할 수 있는 것과 할 수 없는 것을 알아내는 것이 인생의 지혜입니다.

선수들은 "원, 투!"의 템포로 샷을 합니다. 이 템포를 따라 하다 보면 백스윙이 채 준비가 되기 전에 다운스윙을 시작하게 됩니다. '팔로만 치는 스윙'이 될 수 있는 것이죠.

"워언, 투!" "하나아, 둘!"

백스윙에 조금 더 시간을 주십시오.

임성재 선수나 마쓰야마 히데키 선수 같은 정도는 아니더라도 주말골퍼들은 백스윙에 시간을 두고 좀 더 긴 스윙 템포를 가져가야 합니다.

"짜장~면"도 좋고 "두만~강"도 좋습니다. 나이가 드신 분들이나 몸의 유연성이 떨어진 분들은 빠르게 스윙하는 것보다 제대로 스윙하는 것이 좋습니다.

물론 스윙 템포를 짧게 가져가는 것이 헤드스피드를 올리는 데 도움이 되기도 하지만, 충분한 회전이 되지 않는다면 헤드스피드를 올리기는 어렵습니다.

선수들의 동영상을 보면 참 아름답습니다. 다이내믹하면서 유연하고, 있는 힘을 다 모으는 것 같은데 부드럽습니다.

그것은 우리의 이상입니다.

이상은 동영상에 있지만, 현실은 우리 몸에 있습니다.

많은 비기너들이 스윙의 기본을 이해하기도 전에 스코어를 따지려 든다. 이것은 걷기도 전에 뛰려는 것과 같다._잭 니클라우스

Lesson 5

시작이 반이다, 테이크 어웨이

테이크 어웨이의 중요성은 말할 필요도 없습니다. 대부분 주말골퍼가 저지르는 스윙의 잘못은 스윙의 시작인 테이크 어웨이에서 비롯됩니다. 한마디로 시작부터 잘못하는 것이죠.

백스윙은 말 그대로 클럽을 뒤로 빼는 동작입니다. 이때 있는 그대로 생긴 그대로 빼면 되는데 불필요한 힘을 가하면서 스윙의 오류가 시작됩니다.

그 첫 번째 오류가 손목을 쓰는 것입니다. 테이크 어웨이를 할 때 손목을 써서 클럽을 돌리게 되면 클럽과 지면이 평행인 지점에서 클럽 페이스는 열리게 됩니다. 클럽을 돌리게 되면 백스윙의 스타트가 몸의 회전이 아닌 팔과 손에 의해 이루어지므로, 충분한 몸통 회전 역시 불가능해집니다. 손목의 코킹이나 힌징은 클럽이 지면과 평행인 지점부터 자연스럽게 써주면 됩니다.

테이크 어웨이의 또 다른 오류는 클럽 헤드를 지나치게 몸쪽으로 다시 말해 안쪽으로 빼는 것입니다. 특히 슬라이스가 났던 사람들은 클럽을 안쪽으로 빼면서 나온 결과가 드로우나 훅일 수 있으므로 그 동작을 계속하게 됩니다.

클럽(헤드)을 안쪽으로 빼게 되면 그 헤드가 백스윙 탑에서 골퍼의 머리(헤드) 쪽을 향하게 됩니다. 그렇게 되면 다운스윙 시 클럽 헤드가 몸 앞쪽으로 덤비지 않고 뒤쪽으로 떨어뜨리는 보상동작(매슈 울프의 샬로잉 동작 같은)이 필요해져 스윙이 복잡해지고, 이 보상동작을 안 하면 결국 엎어 치게 되는 것입니다.

그래서 올바른 테이크 어웨이를 하기 위해서는 지나치게 클럽 헤드의 움직임에 신경 쓰지 않는 것이 좋습니다. 헤드가 열리거나 닫히거나 일자로 빼거나 하는 것에 신경 쓰다 보면 아무래도 손과 팔, 몸의 작은 근육이 쓰일 수밖에 없으니까요.

클럽을 잡고 있는 손이 바깥쪽으로 나가지는 않는지 '손의 길'을 점검한다면 테이크 어웨이의 오류를 수정할 수 있습니다.

손목을 쓰지 않고 손을 직후방으로 일자로 빼는 느낌을 반복해서 연습하십시오.

'손의 길'이 좌우로 이탈하지 않고 길을 찾아가면 바른 테이크 어웨이를 할 수 있습니다.

퍼팅을 할 때 손이 밖으로 나가거나 안쪽으로 들어오지 않는 것처럼요.

물론 손을 움직이는 큰 힘은 결국 몸의 회전에 있는 것이니까, 몸은 우향우, 손은 직후방의 느낌으로 연습하면 좋은 테이크 어웨이를 만들 수 있습니다.

시작은 반이지만, 반보다 중요한 스윙의 시작이 테이크 어웨이입니다.

타이거 우즈가 왜 나보다 성적이 좋냐면 나보다 더 열심히 연습하기 때문이다._최경주

Lesson 6

유연해져라, 오른손 손목

라운드 시작 전 1번 홀에서 스트레칭을 합니다. 허리를 돌려 보기도 하고 무릎을 굽히고 앉았다 일어나는 동작도 하죠. 스트레칭의 마지막엔 늘 손목을 푸는 동작이 있습니다. 앞의 동작은 열심히 따라 하다가도 마지막 손목 푸는 동작은 하는 둥 마는 둥 대충하는 골퍼들이 있습니다.

저는 스윙을 할 때, 우리 몸 중에서 가장 유연해야 할 곳이 오른손 손목이라고 생각합니다. 오른손 손목은 클럽을 컨트롤하고 헤드스피드를 올리는 시작점입니다.

예전엔 코킹이라는 말을 많이 했고, 요즘은 힌징이라고 많이 씁니다. 크게 코킹, 혹은 힌징을 하나로 보기도 하지만 보통 힌징은 오른손 손목이 손등 쪽으로 꺾이는 것을 말합니다. 이 오른손 손목이 꺾이지 않고 살아 있으면, 즉 펴져 있으면, 여러 가지 스윙의 오류가 생깁니다. 쟁반을 받치듯이 들라고 하는 백스윙 탑이 만들어지지 않습니다. 백스윙 탑에서 오른손 손목의 굽힘(힌징)이 없으니 다운스윙 시 클럽 헤드를 늦게 떨어뜨리는 동작인 래깅 동작을 만들기 어렵습니다.

오른손 손목이 손등 혹은 엄지와 검지 사이로 꺾이지 않으면 백스윙 탑에서 오른 팔꿈치가 들리는 플라잉 엘보(Flying Elbow)가 되기 쉽습니다. 플라잉 엘보가 되니 덮어 치는 혹은 깎아 치는 샷이 나올 가능성이 높고요.

야구에서 투수의 투구 동작에서도, 농구선수의 슛 동작에서도 테니스의 스트로크 역시 오른손잡이의 오른손 손목이 뒤로 젖혀지는 데에서 동작을 시작합니다.

오른손 손목이 유연하지 않으면 채를 뿌리는 동작이 나오기 힘듭니다. 굽혔던 오른손 손목을 펴면서 임팩트가 됐을 때 뿌리는 동작이 나오는 것입니다.

오른손 손목을 힌징하는 동작이 없으면 헤드스피드를 낼 수가 없습니다. 매튜 울프나 강성훈 선수는 백스윙 탑이 오히려 왼손이 손등 쪽으로 꺾이는 커핑 동작이 보이지만, 다운스윙 시에 왼손 등이 펴지면서 오른손 등이 젖혀지는 동작이 됩니다. 결국 접었다 펴는 동작은 반드시 하게 되어 있는 것이지요.

백스윙 탑에서 오른손 손목이 살아 있는지(펴져 있는지), 죽어 있는지(꺾여 있는지)를 점검하십시오.

그리고 틈만 나면 운전할 때도 회의할 때도 오른손 손목을 돌리십시오. 손목을 터는 것이 아닙니다.

주먹을 가볍게 쥐고 오른쪽(시계방향)으로 돌려보십시오.

가끔은 반대 방향으로도 돌려보시고요.

오른손 한 손으로 하는 빈스윙도 오른손 손목의 꺾임을 기억시키는 데 도움이 됩니다.

오른손 손목이 유연해야 스윙도 유연하게 할 수 있습니다.

Lesson 7

팔은 몸에 붙어 있다

스윙은 암 스윙과 바디턴 스윙으로 나눕니다. 몸통을 주로 쓰면 바디턴이고, 팔을 주로 쓰면 암 스윙이 되는 것이죠. 바디턴 스윙은 몸의 턴(회전)을 중요시하는 것이고, 암 스윙은 클럽 헤드를 팔로 어떻게 컨트롤하고 스윙 패스를 찾아가느냐가 중요합니다. 암 스윙의 백스윙 탑은 업라이트한데 반해서, 바디턴 스윙의 탑은 플랫해지며 팔과 어깨의 라인이 일직선인 원플레인 스윙이 됩니다.

암 스윙은 하체의 측면 이동으로 다운스윙을 리드하는 반면 바디턴 스윙은 하체의 회전으로 다운스윙을 시작하게 되죠. 최근의 경향은 바디턴이 우세한 것처럼 보이지만, 이 역시도 정답이라고 할 수는 없습니다. 스윙이란 유행처럼 돌고 도는 것이니까요.

중요한 것은 주말골퍼들이 지나치게 손과 팔에 의존하는 스윙을 하고 있다는 것입니다. 백스윙 시에도 몸의 회전과 손과 팔이 동시에 가는 것이 아니라 헤드를 손으로 들어 올리는 경향을 많이 보입니다. 그러다 보니 테이크백 시 손목을 쓰게 되고 제대로 된 플레인에서 벗어나게 됩니다.

스윙은 팔과 몸의 밀당이라고 생각합니다. 선수들조차 몸을 너무 과하게 쓰면 팔의 움직임을 보다 적극적으로 보완하고, 반대의 경우엔 몸의 쓰임을 키우기도 합니다.

손과 팔을 너무 써서 팔로만 하는 스윙을 하고 있다면 일단 클럽을 배꼽에 대고 백스윙을 하십시오. 손으로 드는 느낌이 아니라 심하게 이야기하면 배가, 배꼽이 클럽을 뒤로 빼는 느낌으로 백스윙의 중간까지 해보십시오.

다운스윙도 배꼽에 클럽을 대고 클럽 헤드가 정면을 볼 때 내 배도 정면을 향하도록 몸을 돌려주십시오.

클럽이 없다면 가슴 앞에 팔짱을 끼고 백스윙과 다운스윙의 빈스윙 동작을 해보는 것도 도움이 됩니다. 팔이 없는 상태에서 몸이 주도하는 회전을 연습하는 것이죠.

스윙 궤도가 아웃 인이 되거나 덮어치는 샷이 되는 이유는 몸보다 팔을 먼저 써서 그렇습니다.

팔이 주도해서 몸을 움직이기는 어렵습니다. 하지만 몸이 주도해서 팔을 움직이기는 쉽습니다.

바디턴 스윙을 하고 싶다면 이 개념을 반드시 기억하십시오.

'팔은 몸에 붙어 있다.'

골프를 보면 볼수록 인생을 생각하고, 인생을 보면 볼수록 골프를 생각하게 한다._헨리 롱허스트

Lesson 8

드라이버, 정타가 장타다

한 라운드에서 샷의 횟수로 보면 드라이버는 퍼터의 반입니다. 잠정구나 페널티를 받고 다시 샷을 하지 않는 한, 아무리 많이 쳐도 14번을 넘지 않습니다.

그럼에도 주말골퍼들이 드라이버에 연습에 집중하는 이유는 첫째, 드라이버를 안정적으로 치면 어느 정도 스코어가 보장되기 때문이고 둘째, 볼을 200미터 이상 보내는 쾌감 때문입니다.

모든 샷이 마찬가지지만, 드라이버샷에서 가장 중요한 것은 '충분한 회전'입니다. 특히 드라이버는 백스윙이 끝까지 되지 않으면, 충분한 몸의 회전이 이뤄지지 않으면 좋은 다운스윙을 기대하기 어렵습니다. 그래서 드라이버는 다른 샷에 비해 템포를 조금 길게, 여유 있게 가져갈 필요가 있습니다. 주말골퍼들은 투어 선수들처럼 짧은 시간에 몸을 많이 회전하기 어렵기 때문에 유연하지 못한 몸에게 충분한 시간을 줄 필요가 있습니다.

스윙패스와 스윙플레인은 당연히 중요합니다. 드라이버는 로프트가 낮은 클럽이기 때문에 백스핀 대신 사이드스핀이 많이 걸립니다. 즉 조금만 깎아쳐도 방향에 지대한 영향을 미칩니다.

클럽이 안쪽에서 들어오는 느낌을 가지려면 일단 클럽을 떨어뜨리는, 즉 다운시키는 느낌이 중요합니다. 바디턴 스윙에서는 클럽 헤드를 뒤쪽으로 얕게 하는 샬로윙을 강조하고 있지만, 드라이버 헤드를 내 오른쪽 귀 밑으로 떨어뜨리는 연습을 하면 스윙패스를 인에서 시작하는 데 도움이 됩니다.

선수들과 주말골퍼들의 가장 큰 차이는 어택앵글입니다. 이 어택앵글은 어퍼블로로 치느냐, 다운블로로 치느냐를 말하는 클럽이 진입하는 각도를 말합니다. 남자 선수들은 -1도 정도로 아주 미세한 다운블로라고 할 수 있는데 반해, 보기플레이어들은 -2도로 조금 더 급격하게 내려칩니다.

여자 선수들은 완전한 어퍼블로입니다. 평균 드라이버의 어택앵글이 2도니까요. 주말골퍼는 평균적인 여성골퍼와 4도 차이로 내려칩니다.

따라서 주말골퍼들은 드라이버를 조금 더 올려칠 필요가 있습니다. 예전에 이안 우스남은 '볏단을 던져올리는 느낌'이라고 이야기한 적이 있습니다.

이를 연습하는 가장 좋은 방법은 '하이피니시'를 잡는 것입니다. 결과를 연습해서 중간 과정을 바꾸는 방법입니다. 피니시가 높이 잡힐 수 있도록 피니시를 빈스윙으로 연습해보십시오.

또한 어드레스 시 드라이버 헤드를 조금 뒤쪽에 놓는 것입니다. 볼에 바짝 붙여 놓는 것이 아니라 조금 떨어뜨려 놓으면 그 지점을 임팩트 지점이라고 몸이 인식하면서 다운스윙 시 그 지점을 지나 볼에 접근하는 각도가 어퍼블로의 각도가 됩니다.

가파른 스윙플레인을 고치기 위해서 야구스윙처럼 옆으로 하는 빈스윙를 해보십시오. 클럽을 릴리즈하는 타이밍과 감도 느낄 수 있고, 다른 클럽에 비해서 평평한 스윙플레인이 요구되는 드라이버샷의 감을 느낄 수 있습니다.

정타에 맞추기 위해 어드레스 시 헤드를 살짝 들고 셋업을 하는 것도 도움이 됩니다. 대부분 클럽 헤드를 땅에 내려놓지만, 이 경우엔 볼을 약간 토우쪽에 놓는 것이 좋습니다. 그 상태로 그대로 올리면 그 위치가 정타의 위치가 됩니다. 헤드의 중앙에 볼을 맞추고 올려보면 볼이 힐쪽으로 가는 것을 알 수 있습니다.

헤드스피드를 올리는 것은 기술적인 한계가 있습니다. 개인의 물리적 노력이 동반되지 않은 채 메커니즘만으로 스피드를 올리기는 어렵습니다.

헤드스피드를 올리기 어렵다면 헤드 가운데에 공을 정타로 맞추십시오.

드라이버, 정타가 장타입니다.

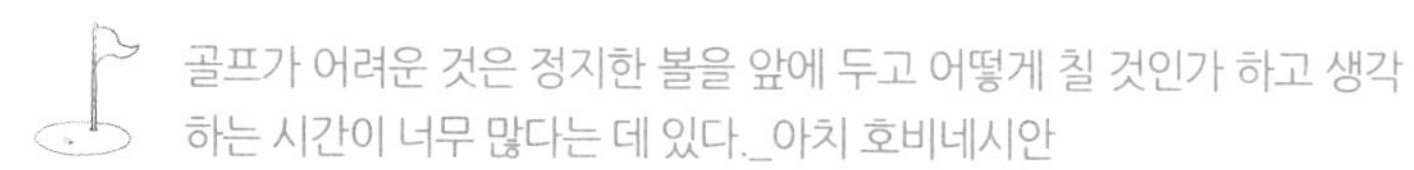

골프가 어려운 것은 정지한 볼을 앞에 두고 어떻게 칠 것인가 하고 생각하는 시간이 너무 많다는 데 있다._아치 호비네시안

Lesson 9

퍼팅은 돈이다, 우리는 돈 버는 노력을 안 한다

누군가 내게 "퍼팅 잘하는 비결이 뭐예요?"라고 묻는다면 주저 없이 대답할 수 있습니다 "많이 넣는 거죠."

선수들이 가장 열심히 하는 것이 퍼팅 연습이라면 주말골퍼들이 가장 소홀히 하는 것이 퍼팅 연습입니다. 한국의 연습장과 환경이 숏게임을 연습하기에 그리 좋지는 않지만 그래도 너무 안 합니다. 필드에 가면 연습그린이 있는데, 그때 퍼팅 연습을 안 하면 언제 하겠습니까?

퍼팅은 보통 거리와 방향으로 나누어 이야기를 합니다. 당연히 주말골퍼들에게는 거리감이 중요하죠. 쓰리퍼팅을 안 하거나 줄이는 것이 이 거리감이니까요. 많은 분들이 발걸음 수를 재서 퍼팅스트로크의 크기를 조절하는데요. 이렇게 해서 거리감이 좋아진다면 반드시 필요한 루틴이겠죠.

저는 골프를 하면서 걸음 수를 세본 적이 없습니다. 예전에 유명한 프로님이 "어릴 때 구슬치기 하면서 몇 걸음인지 세었나요?"라고 말한 적이 있죠. 농구에서 슛을 하면서 몇 걸음인지 세지 않는 것처럼 말이죠. 중요한 것은 나의 시각과 몸의 감각을 얼마나 일치시키느냐이고, 이를 위해서는 공식보다 연습이 필요합니다.

방향도 마찬가지입니다. 내 몸에 쌓인 데이터로 확신이 생기는 것이고, 얼마를 봐야 할지, 어떻게 스트로크를 해야 할지를 압니다. 그래서 캐디의 말은 참고할 수 있는 도움일 뿐, 스스로 브레이크를 보는 연습을 해야 합니다. 이때 단순히 오른쪽 한 컵, 두 컵의 느낌이 아니고 볼이 가는 경로를 그려봐야 정확한 방향을 알 수 있습니다.

퍼팅에는 왕도가 없다는 말을 합니다. 하지만 공이 퍼터의 스윗스팟에 정확히 맞아야 하는 점은 필수입니다. 그래서 손이 아닌 큰 근육을 쓰는 스트로크를 한다고 할지라도 손에서 임팩트의 느낌을 받는 연습이 필요합니다. 오른손 한 손으로 퍼팅 연습을 하면 이러한 임팩트의 느낌을 받을 수 있습니다. 오른손 한 손으로 퍼터를 견고하게 쥐고 연습해보십시오. 타이거 우즈가 늘 하는 연습입니다.

굴리는 퍼팅을 하느냐, 때리는 퍼팅을 하느냐에 대한 말이 많습니다. 그린스피드가 느리면 굴리는 퍼팅을 해서는 볼이 제대로 가지 않습니다. 우리나라 골프장의 그린스피드라면 아주 관리가 잘 된 골프장의 그린을 제외하고는 어느 정도 때리는 스트로크를 해야 하는 이유가 여기에 있습니다.

숏퍼팅에서 볼이 왼쪽, 오른쪽으로 빠지는 것은 퍼팅 어드레스와도 밀접한 관계가 있습니다. 토우를 지나치게 드는 그래서 허리를 많이 숙이는 어드레스는 볼이 왼쪽으로 갈 가능성이 많습니다. 퍼터의 힐을 중심으로 토우가 빨리 돌 수 있기 때문입니다. 반대로 과하게 힐쪽을 드는 어드레스는 토우를 중심으로 힐 부분이 회전되기 쉬워서 퍼터헤드가 열릴 가능성이 높습니다. 우측으로 가는 것이죠. 혹시 볼이 항상 왼쪽으로 빠지거나 당겨지는 분들은 퍼터의 뒤쪽인 힐을 들어주어 고칠 수 있습니다. 반대의 경우는 앞쪽 토우를 들어주면 됩니다.

퍼팅을 잘하려면 경사를 잘 봐야 합니다. 특히 오르막과 내리막 경사를 잘 봐야 합니다. 오르막인데 형편없이 짧은 경우, 내리막인데 잘못 쳐서 홀을 지나 그린 밖까지 나가는 경험 다 있잖아요. 그린 뒤쪽과 옆쪽, 여러 방향에서 살펴봐야 합니다. 다만 너무 오래 살피느라 동반자의 플레이 시간을 빼앗으면 안 되겠죠.

KLPGA 선수들의 평균 퍼팅 수가 30여 개입니다. 평균타수가 70여 개이니 40퍼센트의 비중입니다. 그런데 우리는 연습시간의 몇 퍼센트를 할애해서 퍼팅 연습을 하고 있을까요?

퍼팅은 돈이라면서, 돈 버는 연습을 너무 게을리하고 있지는 않나요?

골퍼의 목적은 동반자를 놀라게 하는 베스트 샷이 아니라 미스를 줄이는 데 둬야 한다._J.H 테일러

Lesson 10

솟생크 탈출

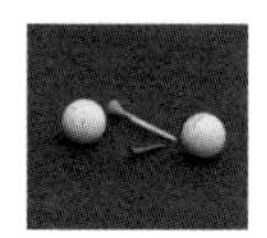

골프의 많은 나쁜 샷 중에 최악은 '생크'입니다. 동의하시죠? 뒤땅은 조금이라도 앞으로 갑니다. 탑볼은 재수가 좋으면 원하는 만큼 갑니다. 생크는 엉뚱한 곳으로 날아가 지금 상황보다 안 좋은 상황으로 몰고 갑니다. 생크는 입스의 원인이 되고, 골프를 그만두고 싶다고 말하는 골퍼의 가장 큰 고민은 바로 반복되는 생크 때문입니다. 주로 아이언샷에서 나오지만 어프로치샷에서도 생크는 옵니다.

그린 주변까지 볼을 보내고 어프로치로 붙여서 파 세이브를 하겠다고 호기롭게 생각합니다. 그런데 그린 주변에 와서 웨지로 어프로치를 하는데 "틱!" 하는 그 불쾌한 타구음과 함께 볼은 오른쪽으로 도망가버립니다. 이 순간이야말로 골퍼의 멘탈이 탈탈 털리는 순간입니다.

라운드 초반에 이런 일이 생기면 그린 주변에서 웨지를 잡기가 무섭습니다. 한 라운드에서 2번 이상 어프로치 생크가 나면 병은 불치병에 가까워지고 곧 어프로치 입스로 가게 됩니다. 어프로치 샷이 탑핑이 나서 냉탕, 온탕을 오고가는 것보다 정신적인 데미지가 크기 때문입니다.

어프로치 생크의 가장 대표적인 원인은 짧은 백스윙임에도 클럽을 지나치게 안쪽으로 빼는 데 있습니다. 클럽 헤드가 몸 안쪽으로 돌아서 뒤쪽까지 빠지는 경우, 임팩트 순간에는 손이 앞으로 나가면서 호젤(클럽의 샤프트와 헤드의 연결 부분)에 볼이 맞게 되는 것이죠. 이때는 어프로치 백스윙을 할 때 클럽을 오히려 바깥쪽으로 빼는 연습을 할 필요가 있습니다. 안쪽으로 뺐던 분들은 과하게 바깥쪽으로 빼라고 해도 정상적으로 빼는 정도밖에 못 뺍니다. 얼라인먼트 스틱을 직후방 직선으로 갖다놓고 클럽 헤드를 직선으로 빼는 연습을 해보십시오.

짧은 어프로치에서 지나치게 인 투 아웃의 궤도로 1시 방향으로 내치면서 생크가 나는 경우가 있습니다. 이렇게 되면 하체의 회전 없이 팔만 내밀게 됩니다. 그래서 어드레스 때보다 클럽 헤드가 바깥쪽으로 가면서 호젤 부분에 볼이 맞게 되는 거죠. 이런 분들은 어프로치 셋업을 할 때 클럽의 호젤보다 안쪽에 볼을 놓고 치면서 클럽 헤드의 가운데에 맞히는 연습을 해보십시오. 그러면 손을 내미는 것이 아니라 손이 안쪽으로 당겨지는 느낌으로 손이 가야 할 제대로의 길로 가게 됩니다.

짧은 어프로치 생크 중에 많은 분들이 신경을 안 쓰는 부분은 바로 머리의 위치입니다. 흔히 어프로치는 체중을 왼발에 싣고 오른발 앞에 볼을 위치하고 하체를 쓰면서 하라고 합니다. 그런데 하체를 쓰는 것이지, 머리를 앞으로 이동시키는 것은 아닙니다. 하체를 쓰면서도 머리는 뒤쪽에 둬야 덮히면서 페이스 안쪽에 맞는 참사를 면할 수 있습니다. 물론 지나치게 오래 머리를 뒤에 남기면 가끔 뒤땅이 나기는 하지만 생크는 절대로 나지 않습니다.

생크는 기술적인 병이 아니라 골퍼의 마음 깊숙이 불안과 공포를 집어넣는 정신적인 병입니다. 특히 숏생크는요.

1. 일직선으로 클럽을 빼기
2. 지나친 인 투 아웃으로 내치지 말기
3. 머리는 뒤에 두기

이 3가지로 '숏생크 탈출' 하십시오.

Lesson 11

힘이 있어야 힘을 뺀다

'골프는 힘 빼는 데만 3년이 걸린다'라고 말하는 분들이 많습니다. 3년이 지난 분들, 힘 많이 빠졌나요? 아마 평생 힘을 못 빼고 골프를 치는 분들도 있을 겁니다. 많지는 않지만, 구력이 짧은데도 힘 빼고 잘 치는 분들이 있긴 합니다.

골프에서 힘을 뺀다는 것은 무조건 힘을 주지 말라는 이야기는 아닙니다. 힘을 줘야 할 곳과 힘을 빼야 할 곳을 잘 알아야 한다는 이야기죠.

백스윙을 할 때 어깨에 너무 힘이 들어가는 분에게 "어깨 힘 좀 빼세요"라고 말하면 그 힘이 빠지나요? 이런 분들은 반대로 배(코어)에 힘을 주게 되면 자연스럽게 어깨에 힘이 빠질 수 있습니다. 본인의 몸에 들어가는 힘의 총량은 같다고 생각합니다. 결국은 그 배분의 문제인 것이죠.

'너무 오른손으로 치는 거 같아'라고 말하면서 오른손의 힘을 빼라고 하면, 이 역시도 쉽지 않습니다. 반대로 왼손의 힘을 키워서 왼손 위주로 스윙을 하게 하는 것이죠. 팔에 힘이 너무 많이 들어간다는 생각이 들면, 팔의 힘을 빼려고만 하지 말고 겨드랑이를 좀 타이트하게 조여보십시오. 겨드랑이를 조이면 팔의 움직임이 자연스러워집니다. 발바닥을 잘 누르고 있으면 오히려 몸의 움직임은 힘이 빠지고 자유로워집니다.

중요한 것은 힘을 무조건 빼는 것이 아니라 몸에서 긴장과 힘을 갖고 있어야 할 부위에 힘을 잘 주면 된다는 뜻입니다.

특히 여자 분들의 경우, 힘이 없는데 어떻게 힘을 뺍니까? 힘이 없으면 오히려 힘을 줘야죠. 코어를 강화하고 견갑골을 늘이는 스트레칭을 하고 광배근을 강화하는 이유도 적당한 힘이 있어야 힘을 뺄 수 있기 때문입니다.

아마추어들이 힘을 못 빼는 이유는 회전이 부족하기 때문입니다. 몸을 충분히 회전해서 백스윙을 만들었다면 팔이나 손에 과한 힘이 들어갈 리가 없습니다. 90도 이상 몸을 회전하면 팔이 얼마나 자유로운지 돌려보신 분은 알 것입니다.

따라서 회전량을 늘릴 수 있는 힘이 필요한 것입니다. 많은 선수들이 스트레칭을 하고 웨이트를 하고 필라테스를 하는 이유는 회전을 극대화시킬 수 있는 근력을 키우기 위해서죠.

연습장에서 볼을 많이 치는 것도 중요하지만 잘 칠 수 있는 몸을 만드는 데 먼저 투자해보십시오.

골프에서 방심이 생기는 가장 위험한 순간은 만사가 순조롭게 진행되고 있을 때다._진 사라센

Lesson 12

파워가 아니다, 스피드다

비거리는 헤드스피드가 만들어냅니다. 물론 헤드스피드가 높아도 스매쉬팩터라고 얘기하는 정타율이 떨어지면 볼스피드는 떨어지게 되고 헤드스피드가 기대하는 만큼의 비거리를 만들어내지는 못하지만요.

그런데 주말골퍼들은 거리가 많이 나는 골퍼에게 "와! 힘 좋네"라고 말을 합니다. 비거리는 파워라고 생각하는 것이죠. 물론 힘이 세면 스피드를 더 낼 가능성과 확률이 높겠죠. 하지만 무조건 세게 치는 것만이, 강하게 치는 것만이 거리를 늘리는 것은 아니라는 이야기입니다.

스윙을 할 때 헤드 무게를 느끼라는 개념도 무게를 느껴야 스피드를 낼 수 있다는 이치에서입니다.

대부분의 아마추어 골퍼는 임팩트 시 얼마나 강하게 치느냐에 집중합니다. 볼을 보면 볼이 부서져라 때리는 것이죠. 골프는 스트라이킹이지만, 골프의 가장 기본은 스윙입니다. 스윙은 올라간 만큼 가속을 붙이면서 내려오는 그네입니다. 그네가 정점에 올라갔다가 잠시 멈춘 후 점점 속도를 내면서 내려오는 원리입니다.

세게, 강하게 치려는 욕심은 백스윙 탑에서 손과 팔에 과한 힘을 주게 되고 이것이 화근이 되어 오히려 스피드를 못 내는 결과를 초래하게 됩니다.

빈스윙을 할 때 '휘익' 하는 소리가 앞쪽에서 나야 한다는 것도 이런 이유입니다.

비거리를 늘리기 위해 헤드스피드를 높이는 가장 손쉽고 효과적인 드릴은 빈스윙입니다. 드라이버를 들고 헤드를 무릎 높이에서 시작해서 스윙을 해보십시오. 헤드를 지면에 대지 않고 빈스윙을 하면 볼을 의식하지 않고 한번에 피니시까지 넘어가면서 스피드를 늘릴 수 있습니다.

본인이 낼 수 있는 최대한의 스피드를 내면서 빈스윙을 해보세요. 전환동작이 부족하거나 캐스팅(다운스윙을 할 때 손목의 코킹이 일찍 풀리는 현상)이 된다면 빈스윙을 할 때 백스윙을 반만 하는 것입니다. 백스윙은 짧게 팔로우스로는 길게 하는 연습을 하면, 뒤쪽에서 때리는 느낌의 임팩트 스윙이 헤드가 앞쪽으로 한번에 돌아가는 빠른 스피드의 스윙으로 바뀌게 됩니다.

맨몸으로는, 두 손을 나란히 들고 손바닥이 지면을 향하게 한 후 셋업을 합니다. 이 상태에서 두 손의 간격이 유지되게 하면서 백스윙을 하고 다운스윙 피니시까지 해봅니다. 이렇게 하면 손과 팔이 아닌 몸을 이용해서 헤드스피드를 내는 몸의 움직임을 익힐 수 있습니다.

클럽을 거꾸로 들고 빈스윙을 할 수도 있지만 수건으로 빈스윙을 하는 것도 큰 도움이 됩니다. 래깅(임팩트 순간까지 최대한 손목의 코킹을 유지하는 행위)을 해서 딜레이 히트(볼의 히팅을 지연시켜 헤드스피드를 올리는 행위)를 한다는 것은 결국 채찍질의 원리와 같아서 가벼운 수건으로 채찍질하듯 손이 먼저 움직여지고 샤프트와 헤드가 뒤따르는 느낌을 얻을 수 있는 것이죠.

세게 치는 것이 아닙니다. 빠르게 치는 것입니다.

파워가 아닙니다. 스피드입니다.

Lesson 13

볼 좀 그만 보세요!

"헤드 업 했잖아." "공 안 봤지?"

미스샷을 하면 주변의 동반자에게 가장 많이 듣는 말이 '헤드 업' 아닐까요? 심지어 어떤 골퍼는 모든 미스샷의 원인을 헤드 업으로 생각하고, 늘 같은 처방을 합니다. 감기 걸렸는데도 아스피린, 관절염에도 아스피린, 간이 안 좋은데도 아스피린만 처방하는 것과 같은 것이죠.

저는 임팩트 시 볼이 안 보입니다. 볼을 끝까지 보겠다고 작정하지도 않고, 볼을 절대 보지 않겠다고 생각하지도 않습니다. 그냥 자연스럽게 치고 도는 것이죠.

제 스윙 동영상을 보면, 클럽 헤드가 볼에 닿으려는 순간 고개도 앞으로 돌아가고 있습니다.

볼을 안 보고 치는 대표적인 골퍼가 3명 있습니다. 한때 타이거 우즈와 라이벌이었던 데이비드 듀발, 역사상 가장 압도적으로 투어를 지배했던 여제 아니카 소렌스탐, 그리고 메이저 퀸 박인비. 이 세 명의 스윙이 무조건 옳다는 것은 아니지만 이 세 선수의 스윙을 틀렸다고 말할 수는 없다는 것입니다.

이들의 스윙을 보면, 임팩트 순간 시선이 볼을 보고 있지는 않지만 상체나 머리가 들리지 않고 척추각을 잘 유지하고 있습니다. 헤드 업은 말 그대로 헤드가 업, 머리가 올라가는 것입니다. 볼을 놓치는 것이 아닙니다. 물론 볼을 끝까지 보면 헤드를 잘 지킬 가능성이 높아지겠지만, 많은 주말골퍼가 이로 인해 또 다른 스윙 오류가 생깁니다. 그것은 바로 몸이 막히는 것입니다. 회전을 하면서 스피드를 극대화시키고 스윙궤도를 바르게 찾아가야 하는데 지나치게 머리를 박고 볼을 보다 보니 몸이 막히게 되고 왼팔이 자연스럽게 로테이션 되면서 피니시까지 이어지지 못합니다. 대신 왼팔꿈치가 몸 바깥쪽으로 빠지면서 굽어지고 스윙이 그 상태로 더 이상 돌지 못하고 멈춰서는 것이죠. 당연히 안쪽으로 당겨지는 스윙이 됩니다.

이런 분들은 볼을 지금보다 조금만 덜 보십시오. 어쩌면 안 봐도 된다고 생각하고 스윙을 해보십시오. 머리를 자연스럽게 타

깃 쪽으로 돌려보십시오. 스윙의 흐름이 좋아집니다. 소렌스탐이나 박인비처럼 골프를 쉽게 치는 것처럼 보입니다. 쉽지 않았던 바디턴 스윙도 가능해집니다.

가슴이 볼 쪽을 바라보고 있으면서 두 팔과 헤드가 앞쪽으로 팔로우스로우되는 스윙은 프로들의 스윙입니다. 주말골퍼들은 머리를 고정하고 몸만 돌리기가 쉽지 않습니다.

몸을 돌리려면 머리를 함께 돌려줘야 합니다. 지금보다 빨리 돌려줘야 합니다.

볼은 그만 보고 앞을 보십시오.

골프가 쉬워집니다.

Lesson 14

다운스윙은 '다운'이다

골프 스윙에 대한 물음의 답은 때로는 용어에 숨어 있습니다. 백스윙을 백스윙이라고 하는 것은 클럽을 뒤로 빼는 스윙이기 때문입니다. 업스윙은 클럽을 위로 올리는 것이겠죠. 그래서 백스윙에서 가장 중요한 과정은 클럽을 뒤로 빼는, Back 하는 테이크백입니다. 테이크백을 어떻게 하느냐가 전체 스윙을 결정한다고 할 수 있습니다.

그렇다면 다운스윙은 어떨까요? 다운스윙을 포워드스윙이나 사이드스윙이라고 하지 않는 이유는 다운스윙은 다운하는 스윙이기 때문입니다. 주말골퍼들이 가장 안 되는 동작이 바로 이 다운 동작입니다. 대부분의 주말골퍼는 특히 초보나 하수들은 골프 스윙을 돌리는 스윙이라고 생각합니다. 그리고 볼을 때리는 것이라고 생각하죠. 그렇다 보니 스윙 시 클럽 헤드가 볼에게 마구 덤벼듭니다. 클럽 헤드는 팔 다음, 손 다음, 샤프트 다음으로 가장 늦게 도착해야 하는데도 불구하고요.

우리가 흔히 낚싯대를 던지는 것처럼 헤드가 덤비는 캐스팅 동작도 스윙에 대한 잘못된 이해에서 출발합니다. 선수들은 백스윙 탑에서 다운스윙을 시작할 때 클럽을 뒤쪽으로 누이는(낮게 하는) 샬로윙 동작을 합니다. 래깅 동작도 클럽 헤드의 떨어짐을 지연하는 동작이지만, 이 두 동작의 공통점은 클럽이 다운되고 있다는 것입니다. 클럽이 돌아가기 전에 다운된다는 점입니다.

오른손잡이의 경우엔 오른쪽 귀 뒤쪽으로 클럽을 내리는 연습을 많이 해보세요. 물론 팔로만, 손으로만 내려서는 안 됩니다. 하체의 움직임으로 리드를 해서 클럽을 다운시키는 연습을 해보세요. 이때 중요한 것이 오른쪽 귀 뒤쪽으로 내리라는 것입니다. 오른발 옆 뒤쪽에 임팩트 백을 갖다 놓고 내리치는 연습도 효과적입니다.

이때 무조건 내리는 것이 아니라 '내리고 돌리기'라는 개념이 머릿속에 있어야 합니다. 돌리기보다 내리기가 먼저라는 것이죠.

임팩트 백이나 칠 만한 도구가 없다면 연습장의 오른발 옆 뒤를 그냥 내려친다는 느낌으로 연습하십시오.

돌리기를 먼저 하면 내릴 수가 없습니다. 스윙 플레인은 급격하게 되고 덮어 치거나 깎아 칠 가능성이 높아지는 것이죠.

꼭 기억하십시오.

'다운스윙은 다운이 먼저다.'

'다운스윙은 다운하는 스윙이다.'

18홀에서 스윙하는 시간은 합쳐서 고작 5분 정도다. 나머지는 반성을 위한 시간일 뿐이다._잭 웨스트랜드

Lesson 15

피칭도 웨지다

'굴릴 수 있으면 굴려라.' '최악의 퍼팅이 최선의 어프로치보다 낫다.' 이런 말을 무수히 많이 들었고, 100프로 공감하긴 하지만 실제 라운드에서 보면 대부분의 주말골퍼들은 56도 웨지로 볼을 띄우는 어프로치를 합니다. 그린 주변에서 볼이 적당히 뜨면서 소프트하게 안착하는 어프로치가 솔직히 멋은 있습니다. 잘 쳐 보이기도 합니다. 하지만 거리 조절도 쉽지 않고, 로프트 각이 크다 보니 실수의 여지도 큽니다.

가끔 TV레슨 프로그램이나 레슨 동영상을 보면, 레스너가 러닝어프로치를 할 때는 7번이나 8번 아이언으로 하라는 이야기를 하고 멋지게 시범을 보입니다. 그래서 다음에 필드에 가면 해봐야지 했다가도 아무 연습도 안 해본 상황에서 쉽사리 7,8번 아이언을 꺼낼 수는 없습니다. 설령 7,8번 아이언을 들었다고 하더라도 어느 정도를 쳐야 어느 정도가 나가는지 도무지 감이 없습니다.

주말골퍼 중에 평소에 아이언으로 어프로치 연습하는 사람이 몇 명이나 되겠습니까? 56도로 어프로치 연습하기에도 시간이 모자라는데요.

그래서 저는 러닝 어프로치를 하긴 해야겠는데 자신이 없는 분들에게 피칭웨지를 권합니다. 보통 피칭웨지는 초중급자용 클럽을 기준으로 하면, 43도나 44도가 됩니다. 56도가 만들어낼 수 없는 볼의 롤링을 충분히 만들 수 있습니다.

일단 피칭웨지로 캐리와 런의 비율을 파악할 필요가 있습니다. 캐리와 런의 비율을 계산하는 법칙들이 있습니다. 예를 들어 아이언 12개에서 피칭이 10번이니까 빼면 캐리와 런의 비율이 1:2 이렇게 계산을 하는 것인데요. 이것이 사람마다, 타법마다 조금씩 다릅니다.

끊어치는 타법인지, 자연스러운 스윙으로 퍼팅하듯 하는 타법인지에 따라 다릅니다. 임팩트 이후에 클럽페이스를 열린 상태로 나가게 하는지 클럽페이스를 닫아가면서 마무리를 하느냐에 따라서도 런의 비율이 달라집니다. 스크린골프장보다는 필드나 파3 연습장 같은 곳에서 거리측정기로 데이터를 낼 필요가 있습니다. 피칭웨지를 기준으로 하고 갭웨지나 샌드웨지의 비율을 파악하는 것이죠.

피칭웨지로 어프로치를 하는 가장 큰 장점은 어프로치를 하면서 일어날 수 있는 실수를 최소화한다는 데 있습니다. 특히 잔디가 많지 않거나 잔디가 짧아서 볼과 잔디 사이가 타이트한 라이인 경우에는 로프트가 높으면 정확한 컨택이 되지 않아 뒤땅과 탑핑의 위험이 많습니다. 반대로 아이언으로 볼을 굴리는 경우에는 거리감을 잃어서 볼이 지나가거나, 소심한 어프로치로 거리가 짧아질 수 있습니다. 그래서 피칭웨지로 어프로치 실수를 줄일 수 있는 것이죠.

벙커샷도 30미터 이상 중거리 벙커샷은 피칭웨지로 치면 아주 손쉽게 거리를 만들어낼 수 있습니다. 56도 웨지로 3, 40미터 치려고 크게 스윙했는데도 바로 앞에 떨어지는 경우 있지 않았습니까?

피칭웨지는 아이언 바로 다음 클럽입니다.

웨지 중에 가장 낮은 웨지입니다.

아주 오래전 선수들은 피칭웨지로 피치샷을 했습니다.

피칭웨지는 피치샷을 하라는 웨지니까요.

피칭웨지도 웨지니까요.

Lesson 16

우향우! 좌향좌!

저는 가끔 이런 생각을 합니다. '1초 남짓의 골프 스윙을 우리 스스로 너무 어렵게 만들고 있지는 않나….'

사람들은 골프 스윙을 몇 단계로 나누어서 연구하고 가르칩니다. 실제 스윙을 할 때는 구분할 수도 없는 디테일에 대해 열변을 토합니다. 많은 용어들이 새롭게 생겨납니다. 어떤 경우엔 같은 의미를 다르게 말하는 경우도 있습니다. 수피네이션, 어너디비에이션, 샬로윙…. 한 시대에 유행하는 골프 용어들은 마치 그것이 최신의 골프 이론인 양 떠돌아다닙니다.

어쩌면 벤 호건의 시대에 골프 스윙의 모든 이론은 완성됐을지도 모릅니다. 벤 호건도 수피네이션을 이야기했고 손목의 움직임에 대해서도 상세하게 이야기했습니다. 데이빗 레드베터는 A스윙의 창시자가 되었고, 조지 갱카스는 GG스윙의 창시자가 되었습니다.

한국의 이병옥 인스트럭터는 '옥스윙'이라는 것을 만들어냈죠. 이런 스윙들이 얼마나 다른지 얼마나 새로운지는 모르겠지만, 순서의 차이를 두거나 어디에 더 강한 느낌을 줄 것이냐의 문제지 스윙의 본질은 크게 다르지 않다고 생각합니다.

골프 스윙의 본질은 '찌그러진 원운동'이라고 생각합니다. 혹은 '기울어진 그네'라고 생각합니다.

들었다 내리는 것뿐이 아니라 돌리는 과정이 함께 있어서 많은 골퍼들이 어려움을 겪습니다. 바로 들어서 내리 찍는 도끼질이라면 쉽겠지만 몸을 돌려서 내리 찍는 도끼질이라면 어렵죠.

클럽은 원운동 혹은 수직낙하운동과 비슷한 운동을 하고 있지만 우리의 몸은 회전운동을 하는 것이 골프입니다.

이를 가장 쉽게 이해할 수 있는 것이 오른손잡이 기준으로 '우향우! 좌향좌!'입니다. 영어로 'Turn right, Turn left'인 것이죠. 코일링, 꼬임은 잊으십시오. 하체는 잡아두고 상체의 회전을 극대화해서 그 차이가 클수록 파워가 강해진다는 X_Factor도 잊으십시오. 하체를 돌려서 상체의 회전이 용이해진다면 그것이 회전입니다.

반대로 상체와 하체를 같이 돌려서 회전이 커진다면 이 역시도 회전입니다.

때론 너무 많은 정보가 올바른 스윙에 방해가 됩니다. 가끔은 아주 간단한 개념으로 정리하고 시작하는 것도 방법입니다.

백스윙은 우향우! 다운스윙은 좌향좌!

학교 다닐 때도, 군대에서도, 수도 없이 했던 우향우, 좌향좌입니다.

클럽을 들고 혼잣말로 "우향우!" 하고 백스윙을 해보세요.

다시 "좌향좌!" 하고 다운스윙을 해보세요.

생각보다 단순하게 스윙이 정리됩니다.

때로는 단순한 것이 진리입니다.

가장 좋은 전략은 당신의 스윙을 믿는 것이다._로리 마이더스

Lesson 17

드로우와 페이드

PGA선수들은 페이드를 많이 칩니다. 그린이 딱딱하고 빨라서 스핀으로 볼을 세워야 하고, 페어웨이를 지키기 위해 거리보다는 방향성을 중요시하기에 그렇습니다. KLPGA선수들은 드로우를 많이 칩니다. 특히 티샷은 단 1미터라도 더 보내기 위해 런이 많고 직진성이 높은 드로우를 칩니다. 물론 선수들이니 드로우와 페이드를 자유자재로 구사할 수 있지만, 성향과 스윙의 특성상 더 잘 치는 구질은 분명히 있습니다. “제가 드로우 구질이거든요”와 같은 인터뷰를 본 적이 있을 겁니다.

물론 심한 훅과 드로우는 다르고 심한 슬라이스와 페이드는 다르지만, 드로우를 치는 사람이 샷메이킹으로 페이드를 치려면 슬라이스 치는 느낌으로, 반대면 훅을 치는 느낌으로 쳐야 합니다.

주말골퍼 최대의 적은 슬라이스입니다. '나도 드로우란 걸 좀 쳐봤으면 좋겠다'고 생각하는 분도 있을 겁니다.

드로우와 페이드는 스윙궤도, 클럽페이스와 밀접한 관계가 있습니다. 쉽게 말해서, 인에서 시작하는 인투인이나 인투아웃이 드로우 구질이고, 아웃인이 페이드 혹은 슬라이스 구질입니다. 여기에 임팩트 순간 클럽페이스가 열리고 닫힘에 따라 공이 출발하는 방향이 결정됩니다.

스윙궤도를 인에서 출발하기 위해서는 당연히 하체가 리드하는 스윙을 해야 합니다. 상체가 덤비거나 선행되는 스윙으로는 드로우를 치기가 어렵습니다. 따라서 임팩트 시에 상체가 열리지 않게 만드는 것이 핵심입니다. 물론 주말골퍼 중에 많은 분들이 드로우를 치기 위해, 정확히 말하면 슬라이스를 고치기 위해 오른발을 뒤로 빼는 클로즈스탠스를 취합니다. 이 방법은 초반에는 효과가 있지만, 몸을 닫아 놓고 치는 어드레스 때문에 왼쪽으로 당겨치는 습관이 생기는 분들이 많습니다.

어드레스 시 오른발에 체중을 많이 분배하고 머리를 오른쪽으로 두는 것도 드로우를 치는 데 도움이 됩니다. 임팩트 시 머리가 나가면 절대 드로우를 칠 수 없습니다. 머리는 두고 손이 먼저 나가야 드로우가 됩니다.

슬라이스가 많이 나는 분들은 과장되게 연습을 해야 합니다. 어깨가 열리지 않은 채 머리를 두고 손을 앞으로 보내면서 돌리는 연습을 빈스윙으로 해보면 드로우를 치는 데 도움이 많이 됩니다.

페이드는 정확성이 좋고 아이언샷의 경우 백스핀 양이 많아서 볼을 세우기 용이합니다. 물론 슬라이스가 아닌 페이드인 경우에 그렇습니다. 골프를 어느 정도 치게 되면 슬라이스의 고비를 넘었나 싶었는데 갑자기 훅이 나서 훅병으로 고생하게 됩니다. 이럴 때는 페이드 치는 법을 익혀서 다시 본인의 좋았던 순간으로 돌아가야 합니다.

페이드는 일단 몸을 열어주는 느낌으로 어드레스를 해야 합니다. 드로우가 정면에 있는 사람에게 몸을 감추는 듯한 어드레스라면 페이드는 살짝 보여주는 느낌입니다 스탠스도 오픈스탠스, 어드레스도 오픈 어드레스여야 하죠. 페이드를 치려면 어택앵글이 가팔라야 하니까 백스윙을 조금 업라이트하게 하면 좋습니다. 백스윙 탑에서 헤드를 귀 뒤쪽으로 내리는 느낌이 드로우라면, 헤드를 내 몸 앞으로 가져오는 느낌으로 치면 페이드를 칠 수 있습니다.

어떤 선수는 다른 거 다 필요 없고 임팩트 순간 머리가 앞으로 나가는 느낌으로 페이드를 친다고도 했습니다.

두 샷의 차이는 결국 머리 위치, 상하체 움직임에 따르는 궤도의 차이인 것입니다.

어드레스 시 클럽페이스를 살짝 열면 페이드를 치는 데 도움이 되고, 좀 닫아놓으면 드로우를 치는 데 도움이 됩니다.

상황에 따라 샷메이킹이 어려울지라도 드로우든 페이드든 자신 있는 본인만의 구질이 있는 것이 중요합니다.

어제는 페이드 구질이었는데, 오늘은 드로우라면 곤란하잖아요.

부록

초보 골퍼를 위하여

1. 비기너가 골프 장비를 갖추는 팁

Q: 시작할 때부터 새 채를 써야 하나요?

아닙니다. 반드시 새 채를 살 필요는 없습니다.

골프를 시작하려고 하면 연습은 어떻게 해야 하나, 레슨은 어떻게 받을까와 함께 골프채와 장비는 어떻게 해야 하나가 걱정일 겁니다. 저는 "얻을 수 있으면 얻어라"라고 말씀드립니다. 주변에 선후배나 친구들, 가족이 쓰던 골프클럽 중에 아직 쓸만한 용품이 분명 있습니다.

"나 골프 시작했는데, 남는 채 있으면 주라"고 용기 있게, 뻔뻔하게 얘기하십시오. "안 쓰는 아이언 있는데…." "퍼터, 쓰던 거 있는데…." 이런 답이 올 것입니다.

그것이 꽤 오래된 클럽이라고 해도 충분히 쓸 수 있습니다. 새 클럽은 1년 정도 지난 후 사도 늦지 않습니다. 얻을 수 있다면 얻어서 써보는 것이 좋습니다. 물론 본인의 나이, 체격에 맞지 않는 클럽이라면 안 받는 것이 좋습니다. 이제 시작하는 비기너인데 상급자용 머슬백 아이언은 연습하다가 골프에 흥미를 잃게 할 수도 있으니까요. 최대한 초급자용으로 얻을 수만 있다면 얻는 것이 좋습니다.

Q: 비기너인데 중고로 구입해도 되나요?

물론입니다. 중고 사이트에서 혹은 중고 골프매장에서 구입하면 됩니다. 단, 중고로 구입을 할 때는 리뷰를 검색해보고 가장 대중적인 클럽을 구매하는 것이 좋습니다. 특히 비기너들은요. 당연히 초중급자용인지를 확인해야 합니다. 다만 풀세트를 중고로 구입하는 것은 추천하지 않습니다. 제 경험으로 보면 풀세트로 구입한 후에 나중에 다시 개별로 구입하는 경우가 많습니다. 풀세트는 아무래도 개별적인 퍼포먼스가 떨어질 수 있으니까요.

Q: 새 클럽을 사서 시작하고 싶은데 어떻게 장만해야 하나요?

'그래도 나는 새 클럽으로 시작하겠다'라는 분은 본인의 헤드스피드가 얼마인지 아는 것이 중요합니다. 물론 연습장에서 7번 아이언으로 연습하다가 어느 정도 때릴 수 있게 된 다음의 일입니다. 연습장이나 골프샵에서 본인의 헤드스피드를 측정해보십시오. 아직 초보라 방향성은 잡히지 않아도 헤드스피드가 높은 경우에는 너무 약한 샤프트의 클럽을 사게 되면 얼마 지나지 않아 샤프트를 교체해야 하니까 처음에 약간 강한 샤프트를 선택할 필요가 있습니다.

아이언은 샤프트 외에도 클럽 헤드의 생김새와 제작 과정에 따라 상중하로 분류합니다. 저는 너무 어려운 아이언으로 시작하면 이를 극복하지 못한 채 골프를 그만둘 수도 있으니 처음에는 초중급자용으로 시작하라고 권합니다. 아직 나한테 맞는 클럽이 뭔지 잘 모를 때니 대중적이고 많이 팔리는 드라이버와 아이언으로 시작하면 무난합니다.

비기너는 처음부터 우드클럽을 갖출 필요는 없다고 생각합니다. 오히려 3번이나 4번 유틸리티를 하나 구입하고, 우드는 어느 정도 시간이 지난 후 구입해도 됩니다. 웨지도 일단은 아이언세트에 포함되어 있는 것을 쓰면 됩니다.

처음에는 겸손하게 시작하십시오. 비싼 클럽, 새 클럽이 폼은 나지만 금방 채를 바꿔야 하고, 바꾸게 되는 것이 골프입니다.

골프를 치면, 앞으로 돈 들 일이 많습니다.

처음부터 너무 돈 쓰지 마십시오.

2. 골프백, 지금 차 트렁크에 두고 있지 않나요?

Q: 골프채와 장비는 어떻게 관리해야 하나요?

겨우내 쉬었다가 봄에 첫 라운드를 하면 "작년 겨울에 마지막으로 집어넣고 몇 달 만에 차에서 골프채 꺼냈네"라고 말하는 분이 있습니다. 저는 이 얘기는 결코 진실이 아니며 엄살이라고 생각합니다. 하지만 간간이 연습할 때 골프백을 빼기는 해도 차 트렁크에 골프클럽을 계속 보관하는 골퍼들은 생각보다 많습니다.

하지만 생각해보십시오. 트렁크에 골프백이 누워 있습니다. 차는 흔들립니다. 겨울엔 얼마나 춥겠습니다. 클럽들이 부딪히고 충격을 받으면 샤프트가 휘거나 뒤틀릴 수 있습니다. 샤프트를 손으로 굽혀본 분이 있으면 생각보다 쉽게 휜다는 것을 알 수 있습니다. 예전 영상에 닉 프라이스가 그린 위에서 퍼터를 부러뜨리는 장면도 있었잖아요.

골프채를 잘 관리하는 첫 번째 방법은 웬만하면 차 트렁크에 두지 않는 것입니다. 라운드 갈 때 트렁크 크기에 비해 무리하게 골프백을 싣는 경우가 있습니다. 그리고 한참 동안 그 안에 불편한 상태로 두면 골프채가 성할 리 없습니다. 한여름 트렁크 안의 온도는 바깥 온도의 두 배 이상입니다. 이런 곳에 클럽을 오래

두면 그립이나 이음새 부분에 이상이 생길 수 있습니다. 골프백은 집이나 연습장의 라커에 세워두는 것이 가장 좋습니다.

골프클럽은 그립을 제외하고는 습한 곳을 싫어합니다. 백을 보관할 때도 습한 곳을 피해서 보관하는 것이 좋고, 가끔은 백을 연 채로 보관하는 것도 좋은 방법입니다. 오랫동안 골프를 하지 않을 때는 헤드에 베이비오일을 발라두는 것도 클럽을 오랫동안 쓸 수 있는 방법입니다.

골프클럽을 세척할 때 쇠수세미로 세게 닦으면 긁힐 수 있으니 부드러운 솔로 홈 방향으로 부드럽게 닦아주세요. 홈과 직각 방향으로 박박 문지르지 말고 그루브 안을 아끼는 마음으로 세심하게 닦아주십시오. 골프클럽 헤드나 그립을 닦는 전용세제가 있기는 하지만 주방에서 쓰는 중성세제를 쓰면 충분히 깨끗하게 세척할 수 있습니다.

클럽헤드만큼 잘 관리해줘야 할 곳이 그립입니다. 그립은 건조하게 되면 미끄러지거나 손에서의 감촉이 딱딱해질 수 있으니 정기적으로 수분을 공급해줄 필요가 있습니다. 세제로 씻고 물로 잘 헹궈서 그늘에 말려주면 손으로 그립을 잡았을 때 촉촉함을 유지할 수 있습니다.

의외로 골퍼들이 소홀히 하는 것이 골프화입니다. 라운드가 끝나면 그냥 트렁크나 보스톤백에 처박아 놓고 신경을 끕니다.

하지만 라운드가 끝나고 아무리 에어건으로 세척을 했어도 잔디 등 이물질이 그대로 남아 있을 수 있습니다. 이로 인해 가죽에 때가 남아 있거나, 습한 상태의 골프화를 그대로 방치하거나, 너무 뜨거운 곳에서 급하게 건조하면 신발의 형태가 바뀔 수 있습니다. 그날 라운드가 끝나면 물휴지로 잘 세척하고 통풍이 잘 되는 그늘진 곳에서 말리는 것이 좋습니다. 골프화는 가끔 바닥을 보고 스파이크 상태를 확인해야 합니다. 모르고 지나치지만, 스파이크 한두 개 빠진 것이 의외로 샷이나 활동성에 영향을 끼칩니다. 제 지인 중에 한 분은 골프화에 슈트리를 넣어 극진하게 관리하는 분도 있습니다.

군대에 다녀온 남자들은 총기수입이라는 말을 압니다. 총기를 분해하고 닦고 기름치는 일이지요. 이것은 관리 차원이기도 하지만 스스로 필승의 의지를 확인하고 재차 다짐하는 의식과도 같습니다.

내 골프용품을 잘 아껴줍시다.

싫어하는 곳만 골라, 싫어하는 짓만 골라서 내 골프채를 아무데나 아무렇게나 내팽개쳐놓는데, 내 골프채가 나에게 최선을 다하겠습니까?

3. 레슨, 경제적이고 효과적으로 받는 법

Q: 골프는 반드시 레슨을 받아야 하는 거죠? 그런 거죠?

골프는 독학도 가능합니다. 요즘은 동영상도 많이 나와 있고, 많은 정보를 공유할 수 있어 혼자서도 공부하고 습득할 수 있습니다. 그런데 레슨을 받으면 단순히 골프 이론이나 스윙을 배우는 것뿐만 아니라 연습을 열심히 할 수 있는 강제적인 동기가 생깁니다. 선생님과의 레슨 약속이 있어야 가기 싫어도 가게 되고 그러다 보면 골프가 재밌어집니다. 좋은 선생님을 만나면 골프의 전반적인 상식과 에티켓을 함께 배울 수도 있습니다. 누군가의 참견이나 잔소리를 듣기 싫어한다면 레슨받기가 쉽지 않을 수는 있습니다. 하지만 혼자서 배우는 데는 한계가 있고 중단하기도 쉽습니다. 자세 점검도 필요하고요. 아무래도 누군가에게 배우는 것이 빠르지 않겠습니까?

Q: 레슨, 가까운 동네 연습장에서 배워도 되나요?

네, 저는 가까운 곳을 추천합니다. 아무리 좋은 선생님이 있어도 레슨받으러 이동하는 시간이 많이 걸린다면 가기 쉽지 않습니다. 골프는 잘 배워서 느는 것도 있지만 자주 휘둘러야 빨리 늡니다. 구력이 있는 골퍼가 원포인트 레슨을 받는 것이 아니라면 접근성이 좋은 곳이 좋습니다. 선수출신이 아니더라도, 화려한 경력이 없더라도 동네 연습장의 선생님이 가장 좋은 선생님이 될 수도 있습니다. 배우는 비용도 큰 규모의 연습장보다는 저렴합니다. 요즘은 스튜디오 형태의 실내연습장도 많이 생겼습니다.

인스타그램이나 유튜브를 통해서 선생님을 지정하고 레슨받을 수 있는데요. 아무래도 동네 연습장보다는 비용이 많이 듭니다. 만일 회사건물 안이나 아파트단지 내에 골프연습장이 있고, 그곳에 프로가 있다면 무조건 가야 합니다. 완전 복받은 것이니까요. 개인적으로는 연배가 비슷한 선생님에게 레슨받는 것이 좋다고 생각합니다. 너무 어린 선생님에게 레슨을 받다가 기분 나빠서 그만두는 걸 본 적이 있습니다. 일단은 가장 가까운 곳으로 가는 것이 좋습니다.

Q: 지금 배우는 프로하고 너무 안 맞는데 어떡하죠?

네, 이런 경우엔 하루라도 빨리 선생님을 바꾸는 것이 좋습니다. 의심과 불신이 생기면 그 어떤 것도 배울 수 없습니다.

같이 있는 것만으로도 불편하다면, 아무리 좋게 봐주려고 해도 불성실하기 그지없다면 그런 선생님에게 배우는 것은 아무

의미가 없습니다. 그래서 레슨을 받을 때 장기 레슨비를 미리 지불하는 것은 좋은 방법이 아닙니다. "잡아놓은 고기라고 안심하는 거야?"라는 말이 있잖아요. 어느 정도 검증할 시간이 지나고 믿음이 쌓인 후에 그런 조건으로 레슨을 받아도 늦지 않습니다. 처음 레슨은 단기로 받는 것이 좋습니다. 그래야 아니다 싶을 때 빨리 그만둘 수 있으니까요.

Q: 원포인트 레슨도 도움이 될까요?

네, 그럼요. 구력이 어느 정도 되면 스윙에 대한 고집이 생겨서 수정하기 쉽지 않습니다. '내가 뭐가 잘못됐는지 알겠는데 몸이 말을 안들어…'라고 얘기하는 것인데요. 그러다 보면 다른 사람에게 본인의 스윙을 보여주고 평가받는 것을 싫어하게 됩니다. 골프가 늘려면 다른 사람의 냉정한 평가를 두려워하면 안 됩니다. 그런 면에서 원포인트 레슨은 아주 유용합니다. 본인의 스윙을 보여주고 문제점을 점검해야 할 시간은 반드시 옵니다. 아무리 구력이 길고 스코어가 잘 나온다고 하더라도요.

4. 혼자서도 잘할 수 있는 연습 방법이 있나요?

1) 빈스윙을 추천합니다

미국의 유명한 교습가 행크헤이니는 하루 100개의 빈스윙(a hundred practice swing a day) 프로젝트를 한 적이 있습니다. 때로는 볼을 직접 치는 것보다 빈스윙만으로도 큰 효과를 볼 수 있습니다. 특히 볼만 보면 힘이 들어가는 골퍼들이나 상체 위주로 스윙을 하는 분들, 스윙에 리듬감이 없이 딱딱한 분들은 빈스윙을 많이 하면 본인의 단점을 고칠 수 있습니다.

스윙의 특정구간들을 점검하고 싶으면 '세상에서 가장 느린 빈스윙'을 해봅니다. 내가 할 수 있는 가장 느린 스윙을 하면 구간구간을 느끼면서 빈스윙을 할 수 있습니다. 릴리즈가 늦거나 부족한 골퍼는 '야구 빈스윙'처럼 옆으로 하는 '레벨 빈스윙'을 하면 클럽 헤드를 돌리는 느낌을 쉽게 알 수 있습니다.

오른손을 지나치게 많이 써서 체중이 뒤쪽에 많이 남는 분은 왼손으로만 하는 '왼손 빈스윙'을 하면 좋습니다. 반대로 오른손을 너무 못 쓰거나 백스윙탑에서 오른손의 힌징(오른손 손목을 손등 쪽으로 꺾어서 스피드를 극대화시키는 준비동작)이 부족한 골퍼는 '오른손 빈스윙'을 하면 좋습니다. 전환동작, 트랜지션이 잘 안 되는 골퍼는 백스윙을 작게 하고 피니시까지 하는 빈스윙을 해보면 효과를 볼 수 있습니다. 반대로 피니시가 잘 안 되는 골퍼들은 어드레스 상태에서 백스윙 없이 다운스윙을 시작해서 피니시까지 만들어보는 빈스윙을 해보십시오.

빈스윙은 마음의 욕심을 비우는 데에도 도움이 됩니다. 대부분의 미스샷은 볼에 너무 집착한 나머지 볼을 때리려는 욕심에서 기인합니다. 빈스윙으로 스윙을 온몸으로 기억시킨다면 볼을 때리는 히터에서 볼을 지나가는 느낌의 스윙어로 변화하는 자신을 기대할 수 있습니다. 빈스윙은 헛스윙이 아닙니다. 빈스윙으로 스윙은 완전해질 수 있습니다.

2) 중급자용 똑딱이

골프를 처음 시작할 때 '똑딱이'라는 것을 합니다. 이 과정이 반드시 필요한지는 아직 잘 모르겠고, 처음부터 풀스윙을 시키는 것이 낫지 않을까라는 생각은 있습니다. 하지만 똑딱이에는 좋은 테이크 어웨이를 하는 방법이 숨어 있고 그 짧은 스윙에도 체중이동과 트랜지션이 존재합니다. 짧은 시간에 하는 트랜지션이 익숙해진다는 것은 큰 스윙에서도 훨씬 쉽게 트랜지션이 가능하다는 이야기입니다.

똑딱이보다 조금만 크게 백스윙을 합니다. 어프로치샷을 하는 느낌 정도로만 백스윙을 들고 이를 회전이 동반된 상태로 볼을 칩니다. 56도 웨지로 30미터나 40미터 보내는 것을 긴 클럽으로 해보는 것이지요. 이 연습은 테이크 어웨이를 올바르게 하는 데 도움을 주고 왼다리와 왼쪽으로 전환되는 동작이 향상됩니다.

처음 배울 때 똑딱이를 너무 많이 해서 지겨울 수도 있지만, 스윙이 잘 안 될 때는 똑딱이로 돌아가보십시오. 분명히 템포와 리듬감이 좋아집니다. 똑딱이라고 무시하지 마세요. 조금 큰 똑딱이, 중급자용 똑딱이입니다

3) 거울공주, 셀카왕이 되자

혼자 힘으로 골프실력을 향상시킬 수 있는 좋은 방법은 나의 스윙을 보는 것입니다. 내 문제점을 보고 어색한 점을 파악하려면 내 스윙을 봐야 하는 것이지요. 객관적으로 내 스윙을 한번 보십시오. 그런데 많은 분들이 의외로 내 스윙이 어떤 상태인지, 어느 지경인지를 잘 모릅니다. 안 좋은 거 아니까 안 보고, 보기 싫어서 안 보다 보면 본인의 문제점을 파악할 수 없습니다. 연습장에 가면 거울 앞에서 사십시오. 집에서 거실 유리창에 비친 내 스윙을 보십시오. 틈만 나면 휴대폰 카메라로 내 스윙을 찍어보십시오. 처음엔 보기 싫겠지만 자꾸 보면 어디서부터 고쳐야 하

는지 보입니다. 수정하고 또 찍고 다시 보면 내 스윙이 어떻게 향상되고 있는지도 보입니다. 그리고 그 달라진 모습이 우리가 골프를 하는 이유이기도 합니다.

거울공주, 셀카왕이 됩시다.

내 스윙은 안 보고 잘하는 선수들의 스윙만 보면 늘지 않습니다. 모든 문제는 내 안에 있으니까요.

5. 필드에서 매니지먼트로 5타 줄이는 팁

Q: 라운드 중에 매니지먼트만 잘하는 것으로 몇 타를 줄일 수 있을까요?

저는 전략적으로 매니지먼트를 잘하면 적어도 3타 이상은 줄일 수 있다고 생각합니다. 이를 위해서는 본인 샷의 확률을 잘 알아야 합니다. 내가 이런 트러블 상황에서 어느 정도 성공했는지, 물론 정확한 데이터를 알 수는 없지만 대략이라도 그 확률을 알아야 지금 이 플레이가 공격적인 것인지 보수적인 것인지를 판단할 수 있습니다.

자신 없는 샷이나 플레이를 피하고 자신 있는 쪽으로 플레이를 한다면 매니지먼트만으로 충분히 스코어를 줄일 수 있습니다. 티샷에서, 세컨샷에서, 벙커샷, 어프로치샷, 퍼팅에서 줄일 수 있고 터무니없는 실수를 미연에 방지하는 전략으로 지킬 수도 있는 것입니다.

골프를 잘하는 사람은 본인이 할 수 있는 것과 할 수 없는 것을 명확히 압니다. 할 수 없는 것을 알고 하지 않는 사람이 현명한 사람입니다.

Q: 좋은 매니지먼트란 어떤 것인가요?

매니지먼트를 잘하려면 본인의 실력과 확률을 정확하게 아는 것이 중요합니다. 그리고 마음속으로 목표를 명확하게 해야 합니다. 예를 들어 벙커샷의 경우에도 '크더라도 세게 쳐서 일단 나가야겠다.' '조금 짧아도 러프 상태가 괜찮으니 공격적으로 붙이겠다.' 다시 말해, 생각이 없으면 매니지먼트가 불가능하다는 얘기입니다.

코스에 대한 정보를 정확히 파악해야 올바른 매니지먼트가 가능합니다. 페널티에어리어까지의 거리를 정확히 알아야 드라이버를 칠지 다른 클럽으로 샷을 할지 정할 수 있으니까요. 그래서 거리측정기가 있어야 스스로 매니지먼트가 가능합니다.

매니지먼트란 결국 몇 가지 경우의 수 중 내가 어떤 것을 선택하느냐의 문제입니다. 도전과 인내 사이에서 이번 샷에서 승부할지, 다음 샷에 기회를 볼 것인지를 결정하는 것이지요.

40미터 어프로치샷보다 70미터 어프로치샷이 자신 있는데 굳이 조금이라도 더 보내려는 마음으로 어려운 거리를 남겨놓는다면 그냥 샷만 한 것이지 매니지먼트를 한 것은 아닙니다.

Q: 1번 홀에서 항상 출발이 안 좋습니다. 방법이 없을까요?

1번 홀이 어려운 이유는 몸이 아직 준비가 되지 않았기 때문입니다. 특히 새벽 티오프인 경우에 잠에서 깨자마자 출발하고 오자마자 샷을 하는데 잘될 리가 있겠습니까?

아무리 일파만파라고 스코어카드에는 파로 적혀 있으나 마음속의 스코어는 남아 있는 것이지요. 이런 분들은 1번 홀을 매우 보수적으로 칠 필요가 있습니다. 예를 들면 '보기로만 출발하자'라고 목표를 조금 낮게 잡고 위험요소들을 제거한 채 매니지먼트를 하는 것이 좋습니다. 물론 몸을 미리 풀고 스트레칭을 많이 해야겠지만요.

첫 번째 홀의 징크스는 대부분 몸도 제대로 풀리지 않았는데 무리하는 데에서 시작합니다. 이는 전반 9홀을 마치고 후반 9홀을 시작하는 10번 홀도 마찬가지입니다. 인타임 스타트하우스에서 충분히 쉬다 못해 몸이 다 굳을 지경이 됐다면 다시 1번 홀을 시작하는 전략으로 시작해야 합니다.

기억하십시오. "첫 번째 홀은 최대한 보수적으로 시작하라."

6. 깨백! 90깨기! 80깨기!

골프스코어의 레벨은 10단위로 나뉩니다. 핸디캡이 한자리 수인 싱글핸디캐퍼부터 80대, 90대, 백돌이로 분류하는 것이 일반적입니다. 80대 초반, 중반, 후반으로 나누기도 하고, 실제 초반과 후반의 차이는 상당히 크지만 모든 골퍼들의 꿈은 앞자리가 8이냐 9냐, 그 숫자를 바꾸는 것이 꿈이고 이를 위해 부단히 노력합니다. 물론 수준별로 중점적으로 연습하고 끌어올려야 하는 것이 다릅니다.

Q: 백돌이가 깨백을 하려면 뭐가 제일 중요하지요?

단연 티샷입니다. 99개를 치려면 파3, 보기6, 더블6, 트리플3, 즉 3663을 하면 되는데요. 이는 더블파, 양파를 하지 않는다는 전제가 있습니다. 그러기 위해서는 티샷의 오비를 얼마나 줄이느냐가 중요합니다. 그래서 자칭 백돌이라면 연습장에 가서 드라이버 연습을 더 열심히 할 필요가 있습니다.

유명한 교습가들이 웨지부터 드라이버까지 균형 있게 연습하라고 말하지만 이런 말은 백돌이보다 수준이 높은 골퍼들을 위한 말입니다. 모든 골퍼에게 드라이버가 중요하지만 특히 백돌이일 때는 '죽지 않는 드라이버샷'이 가장 중요합니다. 그리고 아이언 중에 6번이든 7번이든 하나의 아이언과 퍼터에 집중해서 연습을 하십시오.

또한 이 수준에서는 '에이밍'도 신경을 많이 써야 합니다. 에이밍을 틀리게 해서 실수하는 경우를 많이 봤습니다. 에이밍을 잘 하는 것만으로도 여러 번의 굿샷을 만들 수 있습니다.

Q: 90대에서 80대로 안 내려갑니다. 80대에 진입할 수 있는 방법이 있을까요?

네, 90대에서 80대로 가려면 골프를 보다 전략적으로 플레이해야 합니다. 단순한 굿샷이 아니라 굿 플랜이 함께 있어야 하는 것이지요. 90대일 때는 무조건 드라이버만 고집했던 티샷도 우드나 유틸리티, 드라이빙 아이언으로도 쳐야 하는 것이 이 수준의 전략입니다.

확률을 생각하고 확률이 높은 쪽으로 플레이를 해야 하는 레벨입니다. 80대가 되려면 어프로치도 러닝어프로치를 익혀야 합니다. 모든 어프로치를 피치샷으로 하는 것이 아니라 실수 가능성이 적으며 더욱 안정적인 어프로치를 할 수 있어야 합니다. 모든 샷을 그린에 온시키려 하지 말고 때로는 어프로치가 용이한 곳으로 칠 수 있는 전략을 선택해야 합니다. 무조건 핀 방향이 아닌 안전하면서 다음 퍼팅의 기회가 좋은 곳으로 샷을 하는 것도 이때부터 시작해야 합니다. 80대는 전략이 동반돼야 갈 수 있는 곳이니까요.

80대에 들어서려면 더블은 몇 개 할 수 있지만, 트리플 이상의 스코어로 가는 것을 막아야 합니다. 그러기 위해서는 벙커에서 무조건 한 번에 아웃해야 합니다. 무리하게 붙이려고 하다가 혹은 올리려고 하다가 턱에 맞는 실수를 해서는 안 됩니다. 보기로 막아야 하는 레벨입니다. 90대에서 80대로 가려면요. 모든 샷을 파온하지 못했다고 하더라도 어프로치로 온그린하고 투펏을 한다면 90개, 보기플레이입니다. 이렇게 플레이하고 한 번만 원 퍼트를 해도 80대입니다. 전략적으로 접근하십시오.

Q: 스코어가 80에서 80 초반을 계속 왔다갔다 합니다. 빨리 7자를 그리고 싶은데요.

70대 타수를 친다는 것은 80대 타수에 비해 모든 샷이 조금 더 좋다는 것을 의미합니다. 조금 더 붙이고, 조금 더 먼 퍼팅을 넣고, 조금 더 거리가 나가고, 실수를 덜 하는 것이지요. 파를 많이 하는 것으로도 70대 타수를 기록할 수 있지만, 70대 타수를 기록하려면 버디를 만들어낼 줄 알아야 합니다. 최종적으로 버디를 만들어내는 것은 퍼팅이지만, 붙이는 것은 아이언과 웨지입니다.

80대가 파온 비율을 높여야 한다면, 70대는 얼마나 가까이 붙이느냐가 관건입니다. 어프로치샷도 70대를 치려면 가끔 칩인과 같은 놀라운 샷이 나와야 합니다. 붙이는 것을 넘어서 아주 가끔은 홀 안에 넣을 수 있을 정도가 되어야 합니다. 그러려면 웨지를 자유자재로 다룰 수 있어야겠지요. 볼을 굴리고, 바로 앞에 띄우고, 스핀을 먹이는 것을 능수능란하게 구사할 수 있어야 합니다.

80대에서 7자로 넘어오려는 골퍼들은 대체로 티샷은 안정적일 가능성이 높습니다. PGA에서도 180야드에서 핀에 가까이 붙이는 선수들의 우승가능성이 높은 것처럼, 아이언샷을 얼마나 붙이느냐에 따라 스코어가 좌우되는 수준입니다. 다시 아이언샷 연습을 많이 할 때입니다.

Q: 벙커샷도 타수에 따라 전략이 다른가요?

당연합니다. 일단 백돌이님들은 최대한 벙커로 안 보내는 것이 좋습니다. 특히 그린사이드 벙커에서 아예 나오지도 못하고 홀아웃 하는 백돌이님들 많이 봤습니다. 잘 지켜온 스코어가 한순간에 무너지는 순간이죠. 90개를 깨려면 벙커에서 무조건 한번에 나와야 합니다. 볼이 좀 멀리 가더라도 일단 탈출하는 것이 중요합니다. 투 퍼트를 하면 보기고, 설사 멀리 가서 쓰리 퍼트를 하더라도 더블이니까요. 최악은 벙커에서 한 번에 못 나오고 두세 번 샷을 하는 것입니다. 이런 플레이는 멘탈에도 심각한 상처를 주게 됩니다.

70대를 치려면 세 번이나 네 번에 한 번은 파세이브를 할 수 있어야 합니다. 보통 선수들의 평균도 50퍼센트가 안 되니까 30퍼센트만 된다고 하더라도 수준급입니다.

페어웨이 벙커에서도 마찬가지죠. 수준에 따라 직접 그린을 노릴지 탈출만 할지를 결정해야 합니다. 이 역시 최악은 턱에 맞고 다시 벙커로 들어오는 것이니 본인의 탄도를 잘 파악하고 전략을 세워야 합니다.

Q: 싱글들은 파5가 기회라던데, 백돌이에게는 파5가 너무 어렵습니다. 방법이 없을까요?

핸디가 높을수록, 즉 초보일수록 파5에서 와르르 무너지는 경우가 많습니다. 잘 치는 사람에게는 그린까지 세 번의 굿샷 기회지만, 그렇지 못한 사람들에게는 실수의 기회이기도 하니까요.

이는 하수일수록 파5를 보수적으로 쳐야 하는 이유입니다. 특히 세컨드샷에서 문제가 많이 생깁니다. 남들이 3번 우드로 친다고 하니까 덩달아 잘 칠 자신도 없는 3번 우드를 잡았다가 낭

패를 본 적 없으십니까? 러프에서 무리하게 긴 클럽 잡고 쳤다가 바로 앞에 떨어지거나 헛스윙한 적 있지요? 세컨샷을 지금보다 보수적으로 친다면 파5에서 스코어를 줄일 수 있습니다. 조금이라도 더 보내려다가 아예 못 보내는 상황이 생깁니다. 우드를 놓고 유틸리티나 아이언을 활용해서 세컨샷을 하십시오.